Crea la tua App con Flutter

Guida Pratica per Creare App per Android, iOS e il Web con Dart e Flutter

Simone Alessandria

Crea la tua App con Flutter

Questa era la parte legale e necessaria. Per il resto, spero che vi piaccia.

Il codice di questa edizione del libro è stato aggiornato con la versione di Flutter 3.3 e Dart 2.18.

Prima edizione: ottobre 2020

Seconda edizione: gennaio 2022

Terza edizione: ottobre 2022

In memoria di Scott Allen, che ha saputo raccontare il Codice con passione e semplicità.

Introduzione

Il modo migliore di studiare un nuovo linguaggio di programmazione o framework è... programmare. Scrivere codice, fare errori, risolvere gli errori e poi finalmente vedere la tua creazione funzionare è un percorso a ostacoli che (alla fine) può dare enormi soddisfazioni. Lo scopo di questo libro è accompagnare te, caro lettore, in questo percorso ad ostacoli, provando a risparmiarti alcuni dei grattacapi che, quando ho scelto di avvicinarmi a Flutter, ho inevitabilmente incontrato.

E a proposito di Flutter: è un ambiente fantastico (si, mi rendo conto che è come l'oste che afferma che il vino è buono). Dopo aver utilizzato un'altra nota tecnologia per creare app per Android e iOS, ero così frustrato dall'esperienza, che avevo deciso di sviluppare con i sistemi nativi. Questo avrebbe significato creare almeno due progetti e sorgenti diversi per ogni app.

Per fortuna è andata diversamente: Flutter era ancora in beta, ma stava già creando grande entusiasmo nella comunità degli sviluppatori, e ... per farla breve, hai in mano, o su un qualche schermo, questa guida.

L'approccio scelto è estremamente pratico: **ogni capitolo (tranne il primo) contiene un progetto, che costruisce un'app da zero**. In ciascun progetto, imparerai ad utilizzare alcune delle caratteristiche fondamentali di Flutter: i widget, la gestione dello State, la programmazione asincrona, la connessione a servizi web esterni ed il salvataggio dei dati in un database all'interno del dispositivo. Nel primo capitolo invece troverai un'introduzione a Dart, il linguaggio di programmazione che si usa in Flutter. I progetti sono presentati in ordine di complessità, dal più semplice al più ricco di funzionalità.

Il codice completo per questo manuale è disponibile su Github, all'indirizzo: https://github.com/simoales/crea_app_con_flutter

Ho cercato di limitare *per quanto possibile* l'utilizzo dell'inglese. Trovare documentazione valida sulla programmazione in italiano è difficile. Dove ha senso ho azzardato una traduzione, o almeno una spiegazione, dei termini tecnici.

Su Udemy trovi un corso che contiene i progetti descritti in questo libro in formato video. Visualizzare il corso è totalmente facoltativo e lo consiglio a chi vuole integrare il testo scritto con delle demo a schermo. Puoi provare un'anteprima del corso gratuitamente ed eventualmente acquistarlo ad un prezzo scontato al link: http://imparaflutter.it.

Per chi è questo libro

Questo libro è pensato **per programmatori che si avvicinano a Flutter per la prima volta**. Non è particolarmente importante quale linguaggio hai utilizzato: JavaScript, Java, C#, C++, Python, PHP, Objective C, e pure Basic, Pascal… insomma dal Fortran in poi vanno tutti bene, anche se un linguaggio orientato agli oggetti è l'ideale. L'obiettivo della guida è fornire contenuti validi anche a chi ha poca esperienza di sviluppo.

Se non hai mai programmato prima, questa guida potrebbe essere comunque accessibile, ma il percorso sarà più impegnativo e probabilmente avrai bisogno di approfondire qualche argomento con il tuo motore di ricerca preferito. Il primo capitolo può anche essere considerato una (molto) sintetica introduzione alla programmazione.

Se hai già sviluppato app con Flutter, magari cose un po' più impegnative di "hello world", potresti trovare il livello del testo un po' troppo semplice. Dai un'occhiata alla sezione "Contenuti del libro" che segue e all'indice: potrai verificare se questo testo fa per te.

Lo scopo di questa guida è accompagnare il lettore **da un livello di principiante in Flutter ad un livello intermedio** e non ha l'ambizione di essere un manuale completo o fornire contenuti avanzati.

Contenuti del libro

Capitolo 1: Dart per Flutter

Il primo capitolo contiene un'introduzione al linguaggio di programmazione Dart. Si comincia con variabili e funzioni, per poi prendere in considerazione i vari cicli (`for`, `while`, `foreach`), gli insiemi, le espressioni lambda, classi e oggetti. Questo capitolo contiene anche breve spiegazione della *Null Safety* in Dart.

Capitolo 2: Ciao Flutter

In questo capitolo sono descritti i passaggi necessari per preparare l'ambiente di sviluppo per Flutter e si crea una prima app: si introducono i Widget di base, come `Scaffold`, `Text`, `Column`, `Image` e `ElevatedButton`, si parla di *Widget Tree* e di come comunicare un messaggio all'utente con uno `SnackBar`. Infine, si parla di stili e di come modificare l'aspetto di un testo.

Capitolo 3: Creare un'app interattiva

Nel progetto di questo capitolo si incontra per la prima volta lo `State` e si crea uno *Stateful Widget*. Si prendono in esame i `TextField` e i `DropDownButton` per prendere un input dall'utente e si mostra un risultato che dipende dai dati inseriti nei vari widget.

Capitolo 4: Creare un'App sempre Connessa

Il progetto di questo capitolo permette di collegarsi ad un servizio web per recuperare i dati in formato JSON. Si incontrano per la prima volta concetti come la programmazione asincrona e le librerie esterne, come `http`, che si possono aggiungere ai progetti in Flutter. Si incontrano widget estremamente utili, come `ListView`, si trasformano oggetti in `Map` e si naviga attraverso più pagine con `Navigator`.

Capitolo 5: Leggere e scrivere dati con un database Sembast

L'ultimo capitolo di questa guida illustra come salvare dati in un database all'interno del dispositivo. Si prende in esame `Sembast`, un database NoSQL basato su documenti e si scrivono le funzioni per le operazioni CRUD (Create, Read, Update, Delete).

Prerequisiti

Per poter seguire i progetti esposti nella guida serve un PC Windows o Linux, oppure un Mac. Come editor consiglio Visual Studio Code, ma anche Android Studio, IntelliJ Idea ed emacs sono supportati. Tutti i programmi utilizzati in questa guida sono gratuiti o open source.

È necessario installare l'ambiente di sviluppo di Flutter: indicazioni su questo requisito sono descritte nel *Capitolo 2 – Ciao Flutter.*

Una qualche esperienza con la scrittura di codice e la logica di programmazione prima di utilizzare questa guida è fortemente consigliata, ma non indispensabile.

Sono anche raccomandate una buona dose di pazienza, voglia di imparare e un pizzico di senso dell'umorismo. Non solo per questa guida, in effetti.

Come utilizzare questa guida

I progetti descritti nei vari capitoli vengono scritti da zero, quindi possono essere seguiti in modo indipendente. Raccomando comunque a chi non è mai stato esposto a Flutter di seguirli in ordine, poiché diventano progressivamente più articolati e ricchi di funzionalità.

Per comprendere veramente quello che accade nei vari progetti è molto importante digitare il codice, evitando il copia-incolla. Capiteranno errori, è normale, ma è il miglior modo di assimilare i concetti esposti.

Il codice completo di ciascun capitolo è disponibile su Github, all'indirizzo: https://github.com/simoales/crea_app_con_flutter.

Ci sono alcune convenzioni utilizzate in tutto il testo:

- Il codice, i nomi dei file e delle cartelle, i widget di Flutter, quando sono inseriti in un paragrafo sono evidenziati con un carattere diverso: per esempio, quando si incontra uno `Scaffold`, o un `FloatingActionButton`;
- Il codice inserito da solo ha la formattazione che vedi qui sotto:

```
class ListaArticoli extends StatefulWidget {
  @override
  _ListaArticoliState createState() =>
_ListaArticoliState();
}
```

- Quando c'è un'informazione particolarmente importante o un concetto chiave, può essere evidenziato con una grafica:

Con Dart e Flutter potrai creare app meravigliose.

- Le istruzioni da seguire quando si scrivono i progetti sono inserite in un elenco numerato. Ad esempio:

  1. Crea una nuova cartella in `lib`, chiamandola dati.
  2. All'interno della cartella `dati`, crea un nuovo file, con nome `articolo.dart`;
  3. All'interno di `articolo.dart` crea una nuova classe, con nome `Articolo`;

Capitolo 1: Dart per Flutter

Contenuto del capitolo

Questo capitolo contiene una breve introduzione a Dart, il linguaggio di programmazione utilizzato da Flutter, quanto basta per poter creare agevolmente app.

L'obiettivo è fornirti le basi di Dart, in modo che nel resto del libro tu possa concentrarti su Flutter, senza preoccuparti di come si fa un ciclo o come si crea una classe.

Vedremo Dart all'opera utilizzando uno strumento web che si chiama `DartPad`.

Prerequisiti

Non ci sono particolari prerequisiti per questo capitolo e non è richiesto neppure l'ambiente di sviluppo di Flutter: basta avere un qualunque dispositivo connesso ad internet con un browser.

Cos'è Dart

Dart è il linguaggio di programmazione che si usa per creare applicazioni con Flutter.

Si tratta di un linguaggio relativamente recente: la prima versione è stata rilasciata da Google a Novembre 2013. La versione 2, che usiamo in questo libro, è stata rilasciata ad Agosto 2018. Dalla versione 2.12 Flutter supporta la Null Safety.

Quali sono le caratteristiche principali di Dart?

- E’ sviluppato da Google, che sembra avere grandi progetti per questo linguaggio, incluso un nuovo sistema operativo attualmente noto come Fuchsia;
- Ha una sintassi estremamente amichevole per lo sviluppatore;
- Probabilmente, un po’ già lo conosci: se hai usato linguaggi orientati agli oggetti come Java, C#, Kotlin o anche JavaScript troverai che la sintassi di Dart somiglia moltissimo ad un linguaggio che già usi e conosci!

Per usare qualche termine tecnico, ***Dart è orientato agli oggetti, fortemente tipizzato, open source, case sensitive ed ha una sintassi che deriva dal C*** (se hai colto meno di metà della frase precedente non c’è problema, molte cose saranno più chiare in seguito). Per farla breve, è un linguaggio moderno.

Ciao Dart

Per tutti gli esempi in questo capitolo, useremo **`DartPad`**. Si tratta di uno strumento online, che non richiede nessuna installazione: basta un browser che possa collegarsi all’indirizzo:

https://dartpad.dartlang.org.

4. A sinistra si scrive il codice e a destra si vede il risultato del codice scritto a sinistra.
5. Collegati all’indirizzo https://dartpad.dartlang.org.
6. Nella finestra di `DartPad`, cancella tutto il codice di esempio scritto sulla parte sinistra.
7. Ed iniziamo proprio dal nulla, cioè da un programma senza codice. Prova ad eseguirlo facendo click sul pulsante `Run`.
8. Come vedi, ricevi un messaggio di errore: in particolare “`No main method found`”, ovvero non c’è il metodo `main`.

Questo errore ci mostra una prima regola di Dart, e quindi anche di Flutter: **tutte le app e tutti i programmi, devono cominciare con un metodo chiamato** `main`**.** Il metodo `main` costituisce il punto di ingresso di tutte le app.

Un **metodo**, o **funzione**, è un contenitore di codice che può essere richiamato in altri punti del programma.

Un **metodo** in Dart si scrive mettendo il nome del metodo, in questo caso obbligatoriamente `main`, le parentesi tonde che contengono i ***parametri*** (che vedremo tra poco) e il ***codice*** a sua volta circondato da parentesi graffe.

9. Scrivi il codice qui sotto:

```
main() {
}
```

10. Esegui il codice con il pulsante `Run`.

Certo, non succede niente, ma almeno abbiamo risolto l'errore.

Una cosa che possiamo aggiungere a questo codice è il *valore di ritorno.*

`Main` non *restituisce* nulla e quindi è buona norma specificarlo con `void` quando creiamo il metodo. Questo concetto è sicuramente familiare se hai già programmato con un linguaggio orientato agli oggetti, se è un concetto nuovo lo chiariremo meglio tra poco.

Bene, facciamo succedere qualcosa. Su DartPad il metodo `print` scrive nella Console, quindi sulla destra della finestra.

11. Nel metodo `main` inserisci l'istruzione `print`, come mostrato qui sotto:

```
void main() {
  print ('Ciao Dart');
}
```

All'interno delle parentesi tonde accanto al metodo `print`, che è il metodo per scrivere nella console, abbiamo specificato ***che cosa*** bisogna scrivere. Il *che cosa* bisogna scrivere è il **parametro** del metodo, o funzione. In Dart le *istruzioni*, ossia le singole righe di codice, finiscono con un punto e virgola (;).

Siccome questo parametro è un testo, anche chiamato ***stringa***, bisogna metterlo tra apici. Se provi ad eseguire il codice adesso, sempre premendo il pulsante **Run,** nella Console a destra dovrebbe comparire "Ciao Dart", come illustrato qui sotto:

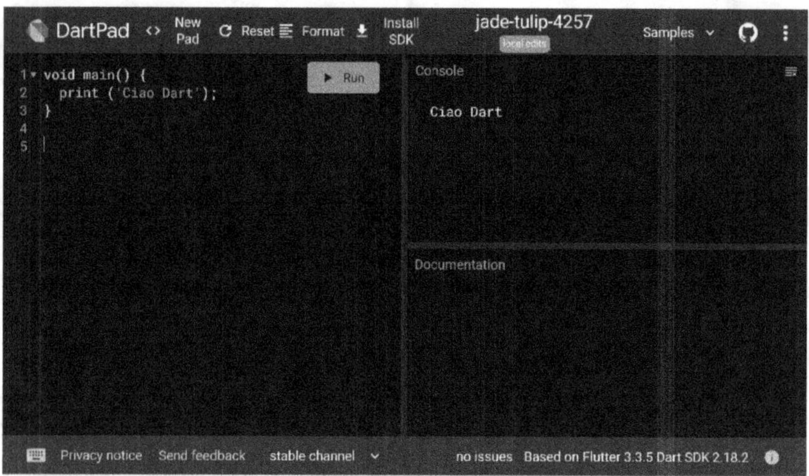

Dart accetta sia apici singoli che doppi: puoi scrivere 'Ciao Dart' o "Ciao Dart" e il programma funziona lo stesso. Per convenzione però, in Dart si suggerisce di usare gli apici singoli.

Aggiungiamo un piccolo elemento al nostro codice: una ***variabile***. Una variabile è un contenitore di dati: il dato potrebbe essere un testo, un numero, una data, oppure un dato più complesso. Quando un linguaggio è ***fortemente tipizzato***, come Dart, occorre specificare sempre il tipo di dato quando si dichiara una variabile.

1. In DartPad, all'interno del metodo `main`, come prima riga aggiungi:

```
String nome = 'Margherita';
```

2. Modifica la seconda riga togliendo `Dart`, aggiungendo l'operatore "+" e la variabile `nome`, come mostrato nel codice qui sotto:

```
void main() {
  String nome = 'Margherita';
  print('Ciao ' + nome);
}
```

3. Premi il pulsante `Run`. Se tutto è andato bene sulla console troverai scritto "Ciao Margherita".

L'operatore "+" in questo caso è un operatore di ***concatenamento***: questo significa che i due testi `Ciao` e `Margherita`, vengono *concatenati* e formano un'unica stringa: `Ciao Margherita`.

In Dart possiamo scrivere il concatenamento anche in un altro modo:

4. Sostituisci il concatenamento con la riga qui sotto:

```
print ('Ciao $nome');
```

In questo modo abbiamo concatenato i due valori, `Ciao` e `Margerita`, senza usare l'operatore +. Semplicemente abbiamo inserito la variabile nome all'interno degli apici, facendo precedere il nome della variabile dal segno del dollaro "$". Questa tecnica si chiama *interpolazione*, o più precisamente, *interpolazione di stringhe*.

Riepilogando i concetti visti finora:

- In Dart tutto inizia con il metodo `main`;
- Il metodo `print` stampa nella Console;
- I metodi possono avere dei *parametri*, come per esempio una stringa nel caso di `print`;

- Le *variabili* in Dart si dichiarano con il *tipo*. `String` è il tipo di dato che contiene del testo;
- Il *concatenamento* tra due stringhe si fa con l'operatore +;
- In Dart è possibile eseguire interpolazioni di stringhe con simbolo del dollaro.

Complimenti, hai scritto il tuo primo programma in Dart!

Nella prossima sezione vedremo che oltre al testo possiamo fare delle operazioni aritmetiche in modo molto semplice.

Calcola Area: Funzioni, parametri e calcoli aritmetici

In genere quando studio un nuovo linguaggio, il primo programma che provo a scrivere è un Calcola Area, perché contiene tanti ingredienti utili nell'approfondire un linguaggio. Si tratta di un programma che ci fa tornare alle scuole elementari, quando dovevamo calcolare l'area di un rettangolo o di un triangolo.

I più attenti ricorderanno che la complicatissima formula per calcolare l'area di un rettangolo è *base per altezza.*

Proviamo a scrivere un programma che ci permetterà di calcolare l'area di un triangolo o di un rettangolo.

Per convenzione in Dart i metodi iniziano con una lettera minuscola.

1. Sotto al metodo `main`, crea un nuovo metodo:

```
double calcolaArea(double base, double altezza) {
}
```

Con il codice sopra stai creando un metodo, che si chiama `calcolaArea`, che *restituisce* un valore di tipo `double`. **Restituire** vuol dire che quando un'istruzione richiama il metodo `calcolaArea`, riceverà un valore. In questo caso, il valore è di tipo numerico `double`. `Double` è un numero decimale. Se volessimo utilizzare un numero **senza** decimali, potremmo usare `integer`, che è invece un numero intero.

2. All'interno del metodo `calcolaArea`, dichiara una variabile `area`:

```
double area;
```

3. Ora calcola il valore dell'area, con l'antica formula:

```
area = base * altezza;
```

Il simbolo della moltiplicazione è un asterisco *.

Manca un'ultima istruzione: visto che `calcolaArea` deve *restituire* un valore, il valore si restituisce con l'istruzione `return;`

4. Sotto alla formula per il calcolo dell'area, aggiungi la riga sotto per restituire l'area calcolata:

```
return area;
```

Riepilogando, l'aspetto finale della funzione calcolaArea è questo:

```
double calcolaArea(double base, double altezza) {
  double area;
  area = base * altezza;
```

```
    return area;
}
```

Ora bisogna *richiamare* il metodo `calcolaArea` per poterlo utilizzare. Possiamo fare in questo modo:

5. Nel main, cancella il vecchio contenuto e dichiara una nuova variabile, di tipo `double`, che puoi chiamare `risultato`.

```
double risultato;
```

6. Ora assegna alla variabile `risultato` *il valore restituito dalla chiamata alla funzione* `calcolaArea`, passando due numeri: per esempio 8 e 5.

```
risultato = calcolaArea(8,5);
```

Nota che i due valori passati come parametri sono separati da una virgola. L'8 andrà a riempire il parametro della base e il 5 quello dell'altezza, **nello stesso ordine in cui sono stati scritti quando hai creato la funzione** `calcolaArea`.

Se tutto è andato bene a questo punto la variabile `risultato` dovrebbe contenere il numero 40 (5 * 8). Ma questo risultato non viene ancora scritto da nessuna parte.

7. Aggiungi l'istruzione per scrivere il risultato nella Console, poi premi `Run`:

```
print ('Il risultato è $risultato');
```

Quello che dovresti vedere sullo schermo a questo punto è simile all'immagine qui sotto:

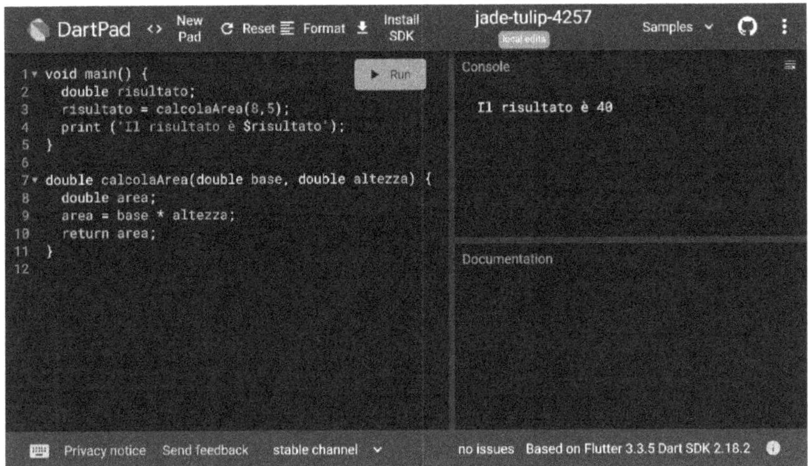

Hai appena scritto un metodo che calcola l'area di un rettangolo. Se cambi i numeri durante la chiamata, per esempio se invece di 8 e 5 passi 4.2 e 10, ottieni come risultato 42. Ma si tratta di una funzione un po' limitata. Per esempio, se invece di un rettangolo volessimo calcolare l'area di un triangolo, in questo momento non lo potremmo fare.

8. Modifica il metodo `calcolaArea` in modo da poter gestire anche il triangolo, aggiungendo un parametro *booleano*:

```
double calcolaArea(double base, double altezza, bool
isTriangolo) {
```

Una variabile di tipo booleano, che in Dart si dichiara semplicemente con `bool`, è un tipo di dato che può avere solo due valori: vero o falso, o per essere precisi, `true` o `false`.

Ora il codice ha smesso di funzionare, perché la nostra funzione richiede tre parametri, ma nella chiamata ne abbiamo specificati solo due. Sarebbe utile fare in modo che il terzo parametro non fosse obbligatorio e la funzione potesse accettare due o tre parametri. **Per rendere un parametro opzionale si usano le parentesi quadre**.

9. Modifica la dichiarazione del metodo mettendo il terzo parametro tra parentesi quadre:

```
double calcolaArea(double base, double altezza, [bool isTriangolo]) {
```

10. Come puoi notare, il parametro `isTriangolo` va in errore. Questo avviene quando la **null safety** è attiva. In poche parole, null safety (o *sicurezza dei valori null*) è la caratteristica di prevenire errori che derivano dall'avere valori null, cioè non assegnati. E' comunque possibile specificare che `isTriangolo` può essere `Null`, cioè **può non contenere alcun valore**. Per indicare che un parametro può essere null, basta aggiungere un punto interrogativo accanto al tipo, in questo caso `bool`, e questo risolve l'errore:

```
double calcolaArea(double base, double altezza, [bool? isTriangolo]) {
```

11. Per comodità rendiamo obbligatorio il parametro isTriangolo, rimuovendo le parentesi quadre e il punto interrogativo:

```
double calcolaArea(double base, double altezza, bool isTriangolo) {
```

12. Ora occorre gestire l'eventualità che il parametro isTriangolo abbia valore true. Per farlo, nel `calcolaArea`, prima dell'istruzione `return area`, inserisci il codice qui sotto:

```
if (isTriangolo == true) {
    area = area / 2;
}
```

Questo è un **ciclo if**: in sostanza stiamo dicendo che **se** il valore della variabile `isTriangolo` è uguale a `true` (il **doppio uguale** "==" indica il confronto), allora il valore della variabile `area` viene diviso per due (il carattere "/" o *slash* è l'operatore della divisione).

Nota che il confronto viene sempre messo tra parentesi tonde.

13. Nel main invece modifica la chiamata in questo modo:

```
risultato = calcolaArea(8,5, true);
```

14. Esegui il codice con il tasto `RUN`: il risultato dovrebbe essere 20, come illustrato sotto:

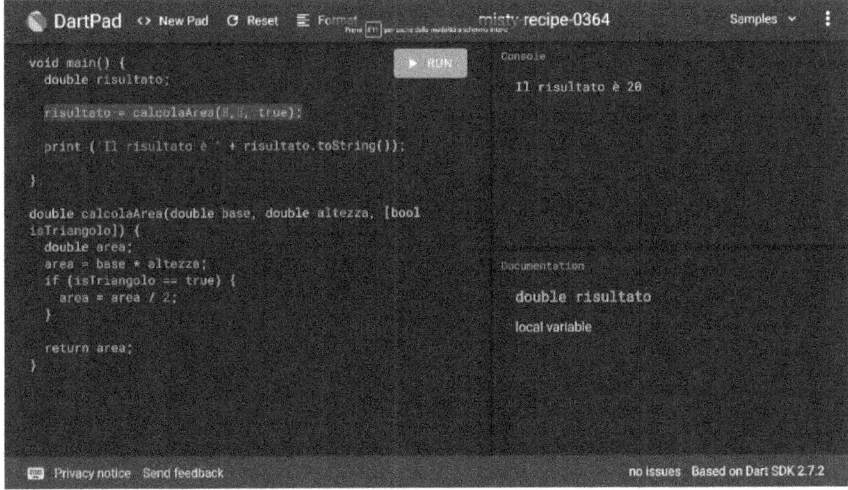

Ora, i programmatori normalmente sono una popolazione che tende alla pigrizia e risparmiare anche pochi caratteri spesso diventa motivo di vanto. In effetti, potremmo trasformare il codice del ciclo `if` riducendolo un po'. Facciamolo per gradi.

15. Invece del confronto `isTriangolo == true`, scrivi semplicemente:

```
if (isTriangolo) {
```

Questo perché dentro le parentesi dell'`if` c'è sempre un valore `true` o `false`. Visto che `isTriangolo` contiene già `true`, il confronto può essere omesso.

Tutti i confronti, come `isTriangolo == true`, o `10 < 9` (10 è minore di 9) restituiscono un valore `true` o `false`.

16. Nell'istruzione che calcola l'area del triangolo, sostituisci la formula con questa:

```
area /= 2;
```

La nuova formula è equivalente all'istruzione precedente, che era:

```
area = area / 2;
```

Forse è un po' meno leggibile, soprattutto le prime volte che la usi, ma gli sviluppatori fanno un larghissimo uso di questa sintassi (anche perché permette di risparmiare qualche prezioso carattere).

Bene, in questa sezione hai visto diversi concetti:

- Come si crea una funzione
- Come si passano parametri, sia obbligatori che opzionali
- Come si restituisce un valore da una funzione
- come si fa un semplice calcolo
- Come si chiama una funzione

- Come si crea un ciclo if

Nella prossima sezione, vedrai come creare **iterazioni** in Dart, con il *Conto alla Rovescia.*

Conto alla Rovescia: for, while e do while

Insieme all'`if`, i cicli `for`, `while` e `do while` sono una parte fondamentale di quasi tutti i linguaggi di programmazione. Semplicemente, **i cicli servono a ripetere più volte la stessa istruzione, senza bisogno di riscriverla**.

Il ciclo while

Cominciamo con un esempio semplice: vogliamo contare da 1 a 10. Una possibilità sarebbe scrivere dieci volte l'istruzione `print`, con il numero da stampare, ma proviamo a vedere un'altra possibilità:

1. Pulisci il codice su DartPad, fino ad avere soltanto il metodo `main`, vuoto;
2. Dichiara una variabile di tipo intero (int), chiamata numero, che contiene il numero da stampare. Il suo valore iniziale è 1.

```
int numero = 1;
```

3. Sotto la dichiarazione della variabile numero, scrivi le istruzioni qui sotto:

```
while (numero < 11) {
    print (numero.toString());
    numero++;
  }
```

4. Esegui il codice e vedrai i numeri da 1 a 10 stampati nella console, come illustrato qui sotto:

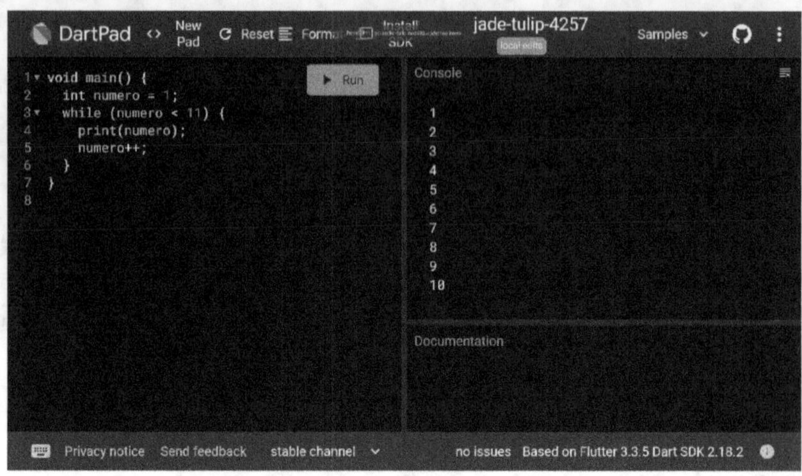

L'istruzione: `while (numero < 11) { }` crea un ciclo, in cui quello che si mette tra le parentesi graffe viene ripetuto finché la ***condizione di validità,*** che in questo caso è `numero < 11`, è vera (`true`).

La prima volta che viene eseguito il ciclo numero è uguale a 1, e 1 è inferiore a 11, quindi l'istruzione viene eseguita. `Print` stampa il numero, e `numero++` incrementa il numero di una unità, quindi la prima volta da 1 passa a 2, la volta successiva da 2 passa a 3 e così via, fino a raggiungere il valore 11. Quando `numero` diventa 11, 11 non è inferiore ad 11, quindi si esce dal ciclo.

Durante un ciclo fai attenzione a modificare i valori nella condizione di validità in modo che non si crei un ***ciclo (loop) infinito****: in questo caso, se ti dimenticassi di incrementare* `numero` *con l'istruzione* `numero++, numero` *sarebbe sempre minore di 11, quindi non si verificherebbe mai la condizione per uscire dal ciclo. Questa occorrenza si chiama "ciclo infinito", o "loop infinito". Da evitare come la peste (o altro evento assai sgradevole).*

Esercizio: Il titolo di questa sezione è "conto alla rovescia", quindi contare da 1 a 10 non è esattamente ciò che ci serve. Come possiamo fare, con un ciclo while, a contare da 10 a 0 invece che da 1 a 10? Se vuoi prova da solo a trovare la soluzione, altrimenti prosegui la lettura.

Soluzione: Per contare da 10 a 0, la prima cosa da fare è modificare il dato di partenza. Inizialmente numero, invece di essere uguale a 0, dovrebbe partire da 10. La condizione di validità dovrebbe anch'essa cambiare: il ciclo dovrà proseguire finché il numero è maggiore o uguale a 0. All'interno del ciclo, il numero non deve aumentare, ma diminuire. Il codice finale è illustrato qui sotto:

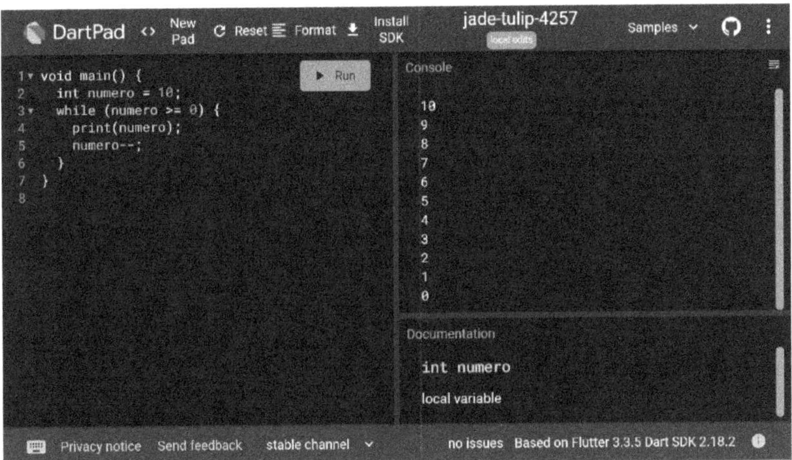

Il ciclo for e il do… while

In alternativa al ciclo while, è possibile usare un'altra sintassi: il ciclo for. La differenza principale tra i due è che normalmente nel ciclo for si scrivono in un'unica riga *l'impostazione iniziale, la condizione di validità e l'incremento.*

1. Cancella il codice all'interno del main e sostituiscilo con il codice indicato qui:

```
void main() {
  for(int numero = 1; numero < 11; numero++) {
    print(numero.toString());
  }
```

```
}
```

2. Esegui il codice con il pulsante Run

Noterai che il risultato è identico al ciclo `while` che abbiamo scritto prima. Semplicemente, la dichiarazione della variabile è stata fatta al primo posto all'interno del for (`int numero = 1`). Dopo il primo "`;`", abbiamo inserito la condizione di validità (`numero < 11`), e infine, dopo il secondo ";", l'incremento (`numero++`).

Quindi la differenza tra un ciclo `for` e un ciclo `while`, in buona sostanza, è puramente sintattico.

Esercizio: Anche in questo caso, prova a riscrivere il ciclo for in modo da stampare, invece che i numeri da 1 a 10, i numeri da 10 a 0. La soluzione è qui sotto.

Soluzione: Anche in questo caso la prima cosa da fare è modificare il dato di partenza: `numero`, invece di essere uguale a 0, parte da 10. La condizione di validità diventa `numero >= 0`. Infine l'incremento si trasforma in decremento:

```
void main() {
  for(int numero = 10; numero >= 0; numero--) {
    print(numero.toString());
  }
}
```

C'è una variante del ciclo `while` che possiamo introdurre in questa sezione: il `do... while`. Partiamo con un esempio:

3. Cancella il codice e all'interno del `main` scrivi il codice qui sotto:

```
void main() {
  int numero = 10;
  while (numero < 10) {
    print (numero.toString());
  }
```

```
}
```

4. Esegui il codice scritto qui sopra con il pulsante **Run**,

Noterai che non succede nulla. Questo perché `numero` non è mai inferiore a 10 e quindi la riga del `print` non viene mai eseguita.

A questo punto modifica il codice sopra con questo:

```
void main() {
  int numero = 10;
  do {
    print (numero.toString());
  }
  while (numero < 10);
}
```

Se provi ad eseguire il codice ora, in Console viene stampato il numero 10. Questo perché nel ciclo `do...while`, che stiamo usando qui, il contenuto del **ciclo viene sempre eseguito almeno una volta** e reiterato se la condizione di validità restituisce `true` (vero).

La differenza tra il `while` e il `do while` è che nel `while` il ciclo viene eseguito solo se la condizione di validità è verificata, mentre nel `do while` il ciclo viene sempre eseguito almeno una volta.

Nella prossima sezione vedremo un altro tipo di ciclo, approfittandone per parlare anche di... Gelato.

Liste, foreach e gelati

In molti linguaggi di programmazione si parla di Array per indicare insiemi di valori. In Dart invece parliamo di `Iterable` o più frequentemente di `List` (liste).

1. Aggiungi il codice di creazione di una lista nel metodo `main`, in questo modo:

```
List<String> gelati = ['Nocciola', 'Pistacchio',
'Cioccolata', 'Fragola', 'Limone'];
```

`List` è un contenitore di elementi. Possiamo specificare il tipo di contenuti della lista, mettendo tra i simboli di minore e maggiore (anche dette *parentesi angolari*), il tipo di contenuto della lista.

Quando un oggetto può contenere tipi diversi, si dice che è un Generic. Quindi la dichiarazione `List<String> gelati` indica che stiamo creando una variabile, con nome `gelati`, e il *tipo* di gelati è una lista che conterrà valori testuali, di tipo `String`.

Dopo il simbolo "=" abbiamo inserito il contenuto della lista, all'interno di parentesi quadre. Questi sono classici gusti di gelato.

Ora vediamo di stampare tutti i gusti nella console.

2. Sotto la dichiarazione di gelati aggiungi le istruzioni qui sotto:

```
for (String gelato in gelati ) {
  print(gelato);
}
```

3.
4. Esegui il codice con il tasto Run;

Noterai che in Console vengono stampati i vari gusti che abbiamo specificato prima, come illustrato qui sotto:

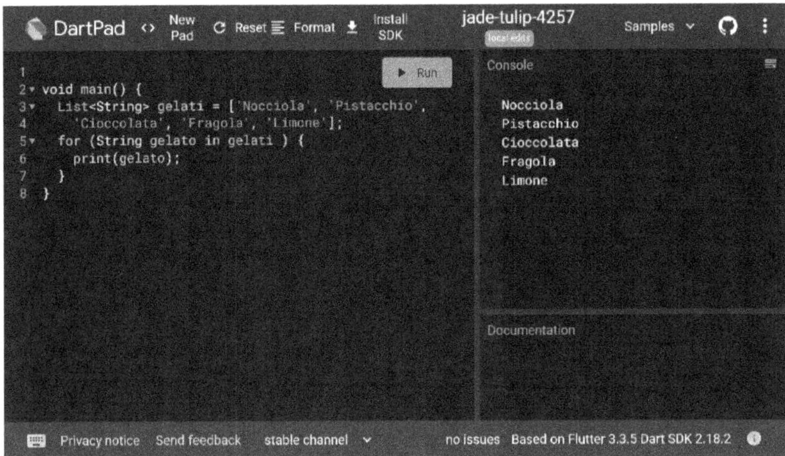

Il ciclo `for ... in` scorre all'interno di tutti gli elementi di un insieme, in questo caso `gelati`. Per ciascun elemento, recupera un valore (che abbiamo chiamato `gelato`, e dichiarandolo come stringa). La comodità di questa sintassi è che non è necessario conoscere in anticipo il numero di elementi da scorrere, né incrementare contatori.

Successivamente, per ciascun elemento, chiamato `gelato`, stampiamo il valore all'interno della console.

Il *for...in* è un modo di scorrere tutti gli elementi all'interno di un insieme, e per ciascuno di questi elementi, eseguire una o più istruzioni.

Nella prossima sezione parliamo di "freccia grasse" (*fat arrow function*).

La freccia grassa (o espressione lambda)

C'è una sintassi che a seconda del linguaggio ha diversi nomi: *fat arrow* (freccia grassa), *lambda expression* (espressione lambda), *arrow function* (funzione freccia). Qualunque sia il modo in cui scegli di chiamarla, serve ad abbreviare il codice e renderlo più leggibile, sempre per il principio secondo il quale per un programmatore scrivere codice sintetico è indice di grande eleganza.

E a proposito, forse è meglio non usare il termine "freccia grassa" in italiano: lo troverai raramente fuori da questa guida.

Da ora in poi useremo "operatore freccia", "arrow function" o "espressione lambda".

Vediamo un esempio.

Cancella il codice precedente, lasciando soltanto il metodo main() vuoto.

Ora crea una semplice funzione, che restituisce il numero 42:

```
int scriviNumero() {
  return 42;
}
```

Nota che all'interno del metodo `scriviNumero()` **c'è una sola riga di codice.** In questo caso, il codice sopra può essere scritto anche in questo modo:

```
int scriviNumero() => 42;
```

Di fatto l'operatore freccia (=>) permette di evitare le parentesi graffe, l'istruzione `return` e il ";" finale.

Questa è una sintassi che incontreremo spesso in Flutter, nei prossimi capitoli. Il requisito da ricordare è che **l'operatore freccia si usa solo quando c'è una sola riga di codice nella funzione.**

Ora dal main richiama la stampa del risultato della funzione scriviNumero(). Il risultato finale è illustrato qui sotto:

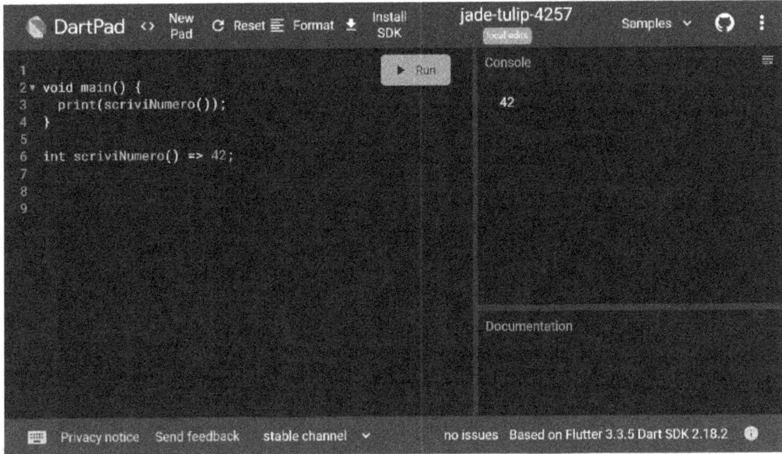

Operatore ternario

Un altro modo di snellire il codice è l'utilizzo dell'operatore ternario. Partiamo da un esempio di `if`.

1. Nel main scrivi il codice qui sotto:

```
void main() {
  String preferenza = 'crema';
  String gusto;
  if(preferenza == 'crema') {
    gusto = 'nocciola';
  }
  else {
    gusto = 'fragola';
  }
  print(gusto);
}
```

2. Esegui il codice;

Nella Console troverai la scritta “nocciola”, come illustrato qui sotto:

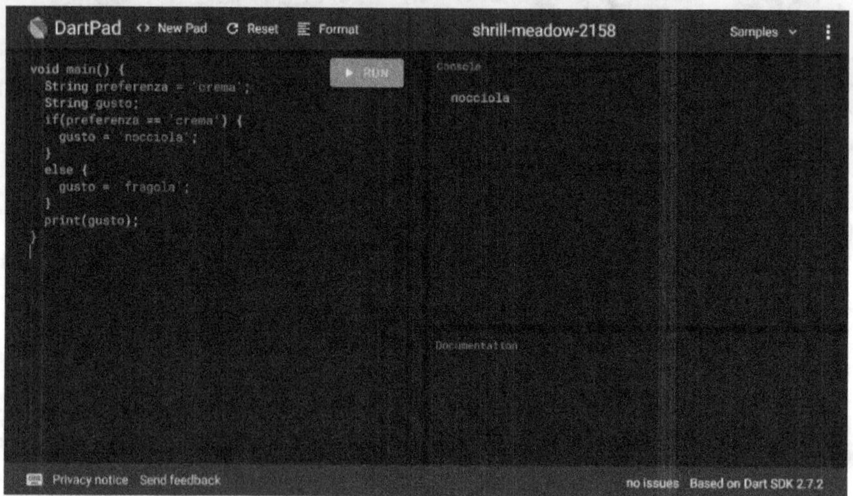

Quello che accade in questo codice, è che abbiamo dichiarato due variabili di tipo stringa. La prima, chiamata `preferenza`, l’abbiamo anche inizializzata assegnandogli il valore “crema”. La seconda, `gusto`, invece è soltanto dichiarata.

A questo punto facciano un controllo con un `if`: se la preferenza è uguale a “crema”, allora stampiamo “nocciola”, **altrimenti** (e questo è l’`else`) stampiamo “fragola”.

Per vedere in azione l’`else`, basta sostituire la preferenza con “frutta”:

```
String preferenza = 'frutta';
```

In questo caso se riesegui il programma in Console troverai la scritta “fragola”.

Bene, l’if … else si può scrivere anche con un operatore ternario:

3. Cancella il ciclo if dal codice
4. Aggiungi l'istruzione utilizzando l'operatore ternario, come indicato sotto:

```
gusto = (preferenza == 'crema') ? 'nocciola' :
'fragola';
```

Nelle parentesi tonde (che si possono anche omettere) si mette la condizione di controllo: `(preferenza == 'crema')`. Dopo il punto interrogativo si mette quello che viene restituito nel caso in cui la condizione sia verificata (`true`), dopo i due punti ciò che viene restituito se la condizione **non** è verificata (false).

Il risultato finale, eliminando anche le parentesi dalla condizione, è illustrato qui sotto:

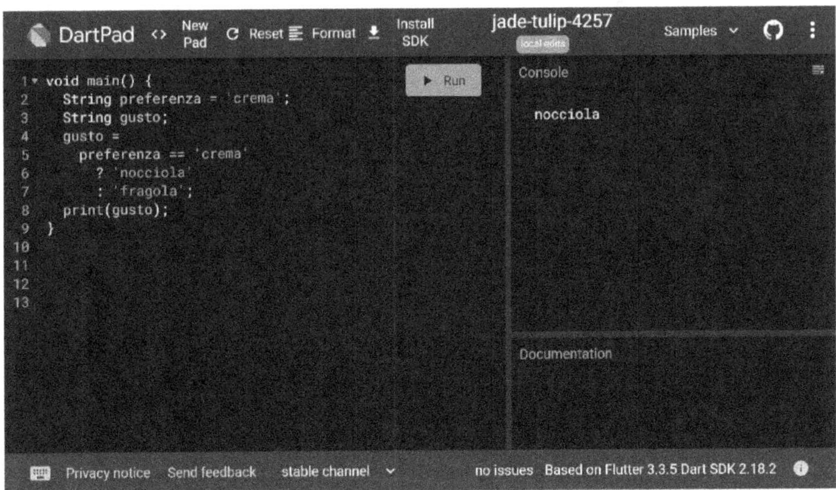

Anche questa sintassi dell'operatore ternario la troverai utilizzata molto spesso in Flutter.

A questo punto, siamo pronti a parlare di classi e oggetti.

Classi e Oggetti in Dart

Dart è un linguaggio di programmazione orientato agli oggetti: trattare in modo compiuto la programmazione ad oggetti va ben oltre quanto si possa fare in poche pagine, ma proviamo comunque a tracciare qualche coordinata.

Classi e oggetti, che sono il fondamento della programmazione *Object Oriented* (o *orientata agli oggetti*), prendono spunto dal mondo reale, ed è proprio dal mondo reale che partiamo per introdurli.

Mia moglie è un'ottima cuoca. Una delle cose che le riesce piuttosto bene sono i biscotti di pasta frolla. Per farli usa una formina metallica, a forma di stella, per cui i biscotti escono tutti abbastanza simili, ma essendo la lavorazione del tutto artigianale, non identici. Per preparare i biscotti stende l'impasto sul tavolo, poi con la formina separa i vari biscotti e li mette sulla teglia per essere infornati. Dopo un po' di tempo i biscotti escono dal forno, pronti per essere voracemente consumati.

Nell'esempio, i biscotti sono **oggetti**. Lo stampino è la **classe** che genera gli oggetti. L'azione di premere lo stampino e poi infornare il contenuto è il **metodo costruttore** della classe e l'impasto è il **parametro** che viene passato al metodo costruttore. Il grado di cottura, il peso esatto, il colore sono tutte **proprietà** degli oggetti (i biscotti).

Ricordando questo esempio, proviamo a creare un esempio di classe con il codice. Non sarà buono come i biscotti di mia moglie, ma sarà almeno interessante vedere come si comportano classi e oggetti in Dart.

1. Su DartPad, cancella il codice all'interno del metodo main, crea una nuova classe, chiamata Papero. Per creare una classe si inserisce a l'istruzione `class` e poi il nome della classe.
   Per convenzione, i nomi delle classi iniziano con la maiuscola.
2. Dopo il nome della classe inserisci le parentesi graffe. All'interno delle parentesi metteremo il contenuto della classe. Il risultato finale è qui sotto:

```
void main() {
```

```
}

class Papero {
}
```

Ora, nella classe `Papero`, inserisci due campi (i campi sono le variabili all'interno di una classe): una stringa chiamata `nome` ed un intero chiamato `anni`. Visto che nelle versioni più recenti di Dart e Flutter si usa la *null safety* (di cui parleremo più avanti), qui dobbiamo impostare necessariamente dei valori per `nome` e `anni`. In questo caso specifichiamo semplicemente una stringa vuota e uno zero:

```
class Papero {
  String nome = '';
  int anni = 0;
}
```

A questo punto abbiamo creato una classe, con due campi. Questo è lo *stampino* dell'esempio dei biscotti. Normalmente una classe non si usa direttamente, come uno stampino non si mangia direttamente, ma serve a generare oggetti, anche detti **istanze** della classe.

Vediamo come si fa a creare un oggetto dalla classe Papero.

3. Nel `main`, scrivi il codice qui sotto:

```
void main() {
  Papero pap = Papero();
  pap.nome = 'Paperino';
  pap.anni = 50;
  print (pap.nome);
}
```

4. Esegui il codice;

Nella Console troverai la scritta "Paperino". Vediamo cosa abbiamo scritto:

La riga:

```
Papero pap = Papero();
```

È **la creazione dell'istanza della classe Papero**. In altre parole, `pap` è un **oggetto** generato dalla classe Papero. Ed è `pap` che possiamo usare all'interno del programma. Questo avviene dopo il segno "=", quando accanto a `Papero` mettiamo le due parentesi tonde "()". Questo sta ad indicare che stiamo **costruendo** una nuova istanza/oggetto della classe `Papero`. Nella maggior parte degli altri linguaggi orientati agli oggetti, prima di `Papero()` troveresti la parola chiave `new`, ma in Dart e Flutter `new` è facoltativo, e nella maggior parte dei casi nella documentazione e negli esempi scritti dagli altri sviluppatori si preferisce ometterla.

Le due righe successive:

```
pap.nome = 'Paperino';
pap.anni = 50;
```

Modificano i valori dell'oggetto `pap`, ed in particolare i valori dei due campi nome e anni.

L'ultima riga:

```
print (pap.nome);
```

Stampa il valore all'interno del campo nome dell'oggetto `pap` nella Console.

Aggiungiamo un altro pezzetto al nostro codice: nel main creiamo un'altra istanza di Papero.

5. Aggiungi il codice all'interno del metodo `main`, sotto l'istruzione `print(pap.nome)`:

```
Papero pap2 = Papero();
pap2.nome = 'Paperina';
pap2.anni = 48;
print (pap2.nome);
```

Se provi ad eseguire il codice ora, noterai che vengono stampati sia Paperino che Paperina nella Console. Quello che abbiamo fatto in queste righe di codice è creare una seconda istanza (od oggetto) della classe Papero. Quindi dalla classe (lo "stampino") `Papero`, abbiamo creato due oggetti: `pap` e `pap2` (i "biscotti").

E potremmo proseguire creando infiniti oggetti dalla classe. Ma per ora interrompiamo la creazione compulsiva di Paperi e aggiungiamo qualche elemento all'interno della classe.

In questo momento, ogni volta che creiamo un nuovo oggetto, dobbiamo impostare ciascun campo dopo la creazione. C'è un modo di evitare questo passaggio creando un ***metodo costruttore***, che imposti automaticamente i campi della classe. Nella classe `Papero`, dopo i campi, aggiungiamo il codice qui sotto:

```
Papero(this.nome, this.anni);
```

Quello che stiamo dicendo con questo codice, è che quando creiamo una nuova istanza di `Papero`, vogliamo che vengano ***passati*** alla classe i campi `nome` e `anni`, che verranno automaticamente riempiti dal metodo costruttore.

Di conseguenza dobbiamo modificare la creazione degli oggetti anche nel `main`.

6. Aggiorna il metodo `main` in questo modo:

```
void main() {
  Papero pap = Papero('Paperino', 50);
  print (pap.nome);

  Papero pap2 = Papero('Paperina', 48);
  print (pap2.nome);
}
```

Di fatto, abbiamo eliminato 4 righe dal metodo `main` e semplificato la creazione di oggetti derivanti da `Papero`.

Questa nota è dedicata a chi ha già una certa conoscenza della programmazione a oggetti.
In Dart non esiste l'overloading dei metodi e dei costruttori, di conseguenza può esserci soltanto un costruttore senza nome all'interno di una classe (***unnamed constructor***). È possibile creare altri costruttori con un nome (***named constructors***), e non c'è limite al loro numero.
I parametri all'interno di metodi e costruttori possono essere dichiarati opzionali.

Aggiungiamo ora qualche caratteristica alla nostra classe. In particolare, vogliamo aggiungere un metodo che stampi nella Console il nome e l'età del Papero.

7. In fondo alla classe Papero, aggiungi il codice:

```
stampaInformazioni() {
    String msg='Il papero $nome ha $anni anni.';
    print(msg);
}
```

8. Ora, nel main, sostituisci il codice con questo:

```
void main() {
  Papero pap = Papero('Paperino', 50);
  pap.stampaInformazioni();

  Papero pap2 = Papero('Paperina', 48);
  pap2.stampaInformazioni();
}
```

Il risultato in Console dovrebbe essere simile alla figura qui sotto:

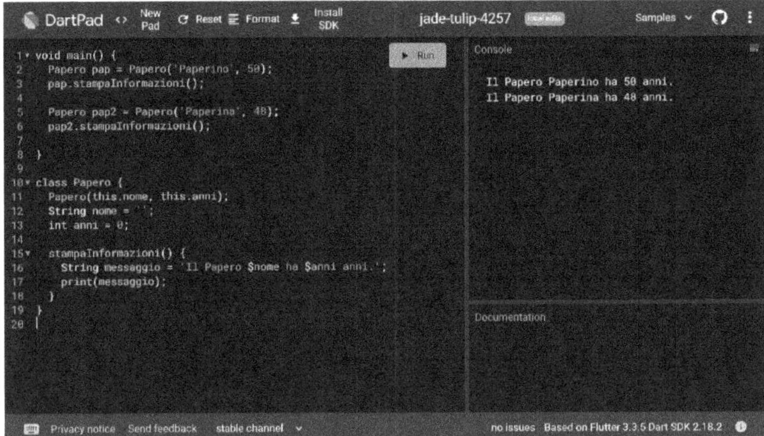

Quindi abbiamo aggiunto un metodo alla classe `Papero`, che si chiama `stampaInformazioni`. Questo metodo prende l'oggetto sul quale compiere l'azione: in particolare `nome` e `anni` si riferiscono ad un preciso **oggetto**, non alla classe, perché la classe è un'entità astratta, mentre l'oggetto è la sua **implementazione** concreta.

Comprendere a fondo la programmazione ad oggetti richiede tempo: in questa breve introduzione ne abbiamo sfiorato la superficie, ma tanto dovrebbe bastare per iniziare a lavorare con Flutter.

Null Safety in Dart

Dart e Flutter supportano la "Sound Null Safety", che potremmo definire come *sicurezza sui valori Null*. Cosa significa questo per te come sviluppatore?

Diverse cose in realtà, che si traducono in una serie di principi o regole. Il primo e probabilmente il più importante, è che:

Di default, le variabili non possono contenere valori null.

Vediamo subito un esempio concreto:

1 Apri il tuo browser e vai su dartpad.dev.
9. Elimina il codice dal metodo `main()`.
10. Ora dichiara una stringa, e chiamala `nome`.
11. Infine, stampa la variabile `nome` sullo schermo con il metodo `print()`. Il codice che del metodo `main()` in Dartpad è mostrato qui sotto:

```
void main() {
 String nome;
 print(nome);
}
```

Come puoi vedere questo codice, così com'è, non può essere eseguito. Anzi, non verrà nemmeno compilato, come mostrato nell'immagine sotto:

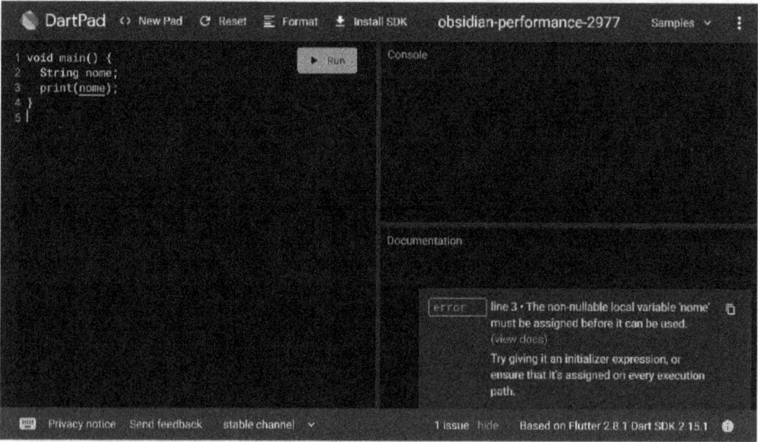

Nota l'errore che compare in fondo a destra sullo schermo: ci dà due informazioni importanti:

- la prima è che la variabile nome è “non nullable”;
- la seconda, che a questa variabile **deve** essere assegnato un valore prima di poterla utilizzare.

Interessante: in effetti prima della Null Safety questo codice poteva essere eseguito tranquillamente. In effetti, **senza** Null Safety, le variabili possono essere del tipo che scegli, in questo caso String, **oppure null**. Invece **con** la Null Safety, per impostazione predefinita, le variabili non possono essere null.

Esistono diversi modi per correggere il nostro codice applicando la Null Safety.

Il più ovvio è probabilmente assegnare un valore al nome String: quindi ad esempio potrebbe essere “Paperino”.

```
void main() {
 String nome = 'Paperino';
 print(nome);
}
```

Esegui il codice. Come avrai intuito, la stringa Paperino appare in Console:

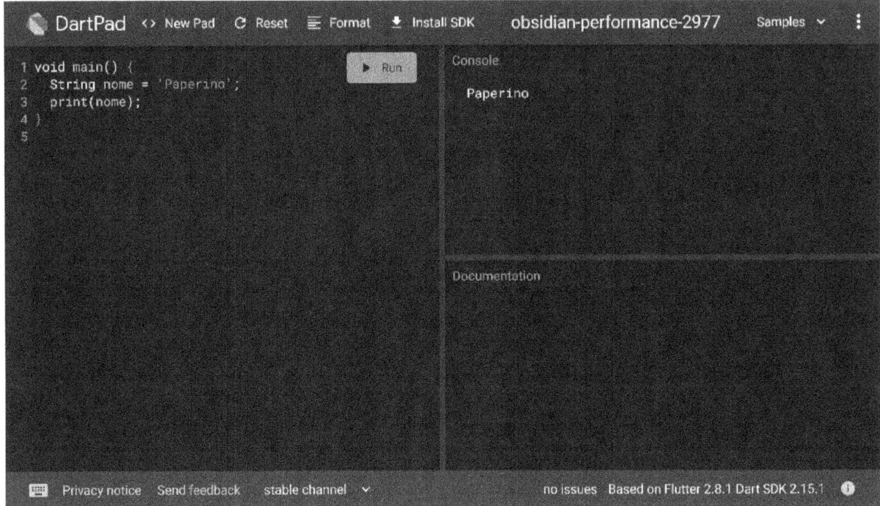

In molti casi potremmo semplicemente assegnare alla variabile una stringa vuota. Tuttavia, ci sono casi in cui potresti aver bisogno che i tuoi valori siano nulli. Ricorda la regola principale:

Di default, le variabili non possono contenere valori null.

La chiave qui è "*di default*". Ciò significa che oltre all'impostazione di default ce n'è anche una **non** di default… Ed è esattamente cosi!

È possibile utilizzare il simbolo del punto interrogativo dopo il tipo per specificare che la variabile può essere null.

Quindi aggiungi un punto interrogativo dopo String:

```
String? nome;
```

Ora il nome è diventato **nullable**! Ciò vuol dire che nome può contenere una stringa, ma anche `null`, che in effetti stringa non è.

Esegui di nuovo il codice. Come previsto, nella console viene visualizzato null.

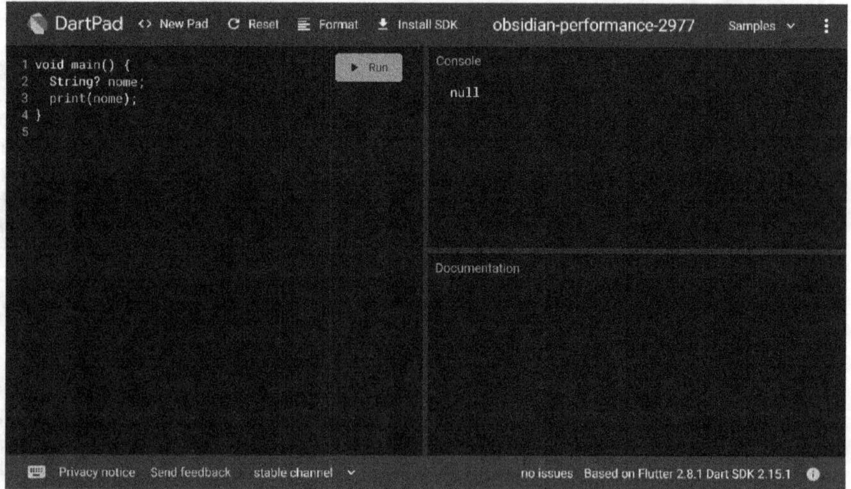

Quindi **il punto interrogativo** sovrascrive il comportamento predefinito e **rende i tipi nullable**. La differenza rispetto a prima è che per utilizzare null, devi dichiararlo esplicitamente.

Ora potresti pensare che questo complichi un po' il modo in cui progetti e crei le tue app, specialmente se hai già scritto migliaia di righe di codice e funzionano perfettamente.

E questo ci porta nocciolo della questione: perché la Null Safety è un vantaggio per te come sviluppatore?

Se sviluppi software, da tanto o anche da poco, hai sicuramente riscontrato errori causati da valori Null. Questi bug sono piuttosto antipatici, poiché si verificano in fase di esecuzione e non necessariamente ogni volta che esegui il codice.

Quindi il primo vantaggio è che se usi correttamente la Null Safety, **puoi ridurre fortemente o addirittura eliminare del tutto questo tipo di bug dal tuo codice**, direttamente in fase di compilazione. In altre parole, aumenti la tua produttività e la qualità del tuo codice.

Un altro vantaggio è che poiché in molti casi le tue variabili non saranno mai `Null`, il compilatore non avrà bisogno di controllare i valori null e quindi ottimizzerà il tuo eseguibile che diventerà più piccolo, più veloce e utilizzerà meno memoria.

Vediamo ora come si utilizza la Null Safety all'interno di funzioni ed il concetto di **type promotion**.

Null Safety e funzioni

Vediamo come funziona la Null Safety in una funzione.

Sempre in DartPad,

1. Crea una nuova funzione, che restituisce una stringa, e chiamala `saluta()`.
2. La funzione accetta due parametri , una stringa, chiamata `nome`, e un booleano, chiamato `mattina`;

3.
4. Nella funzione, dichiara una nuova stringa, chiamata `saluto`;
5.
6. Se `mattina` è vero, imposta `saluto`? con una stringa "Buongiorno", altrimenti impostalo su "Buonasera";
7.
8. Alla fine dell'istruzione `if - else`, aggiungi alla stringa `saluto` uno spazio vuoto e il nome della persona da salutare;

9. Infine, restituisci `saluto`.

10. Il codice del metodo `saluta()` è mostrato qui sotto:

```
String saluta(String nome, bool mattina) {
  String saluto;
  if (mattina) {
    saluto = 'Buongiorno';
  } else {
    saluto = 'Buonasera';
  }
  saluto += ' ' + nome;
  return saluto;
}
```

11. Ora nel metodo `main()`, crea un'altra stringa chiamata `messaggio`. Qui richiama `saluta`, passando "Paolino" per il `nome` e null per `mattina`.

```
String messaggio = saluta('Paolino', null);
```

12. Immagino che il triste finale sia abbastanza scontato vero? Qui otteniamo un errore, perché **non puoi passare null a un parametro di funzione non nullable**: questo è un altro principio della Null Safety.

13. Quindi anziché null, nella chiamata a saluta passiamo true:

```
String messaggio = saluta('Paolino', true);
```

14. Infine, stampa messaggio in console: a questo punto il main contiene il codice qui sotto:

```
void main() {
  String messaggio = saluta('Paperino', true);
  print(messaggio);
}
```

15. Esegui il codice e, come puoi immaginare, `Buongiorno Paolino` appare nella console:

16.

17.

18.

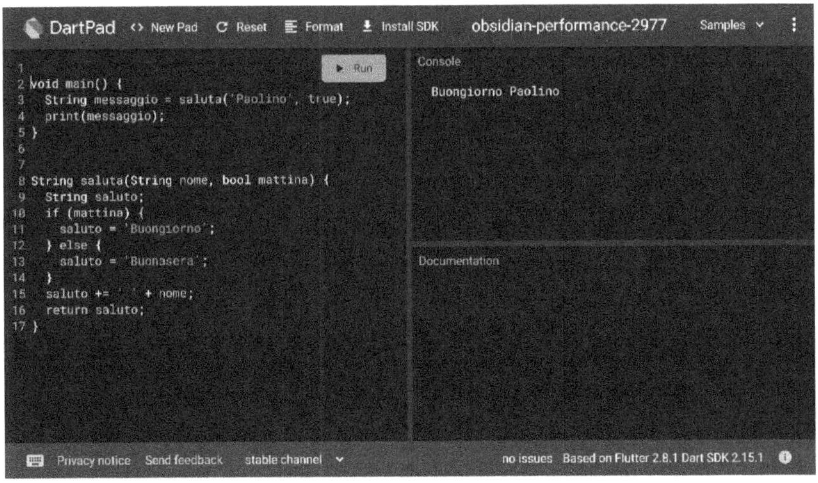

Non c'è molto da dire su questa funzione e, come puoi vedere, la Null Safety non ha modificato il modo in cui la scriveresti.

C'è una cosa però che vorrei sottolineare: se rimuovi il blocco `else` dal metodo `saluta()`, ottieni un errore.

In realtà, il compilatore è abbastanza intelligente da capire che potresti non aver impostato il valore `saluto`, e quindi non verrà compilato. Quindi, anche quando usi un ciclo `if`, o uno `switch` o un `for`, **non puoi utilizzare valori null per impostazione predefinita** e il compilatore ti darà un messaggio di errore.

Bene, ora rendiamo le cose un po' più interessanti:

1. Rendi nullable il parametro `mattina`. È possibile utilizzare il simbolo del punto interrogativo accanto al tipo di un parametro di funzione per renderlo nullable.

   ```
   String saluta(String nome, bool? mattina) {
   ```

2. A differenza di prima, ora possiamo passare `null` a mattino... ma ottieniamo un errore sull'istruzione if. Le istruzioni If devono contenere un booleano e ora mattino può essere un booleano, ma può anche essere null.

3. C'è una soluzione molto semplice qui: aggiungi un punto esclamativo vicino a `mattina`, e l'errore scompare.

   ```
   if (mattina!) {
   ```

   Con il punto esclamativo stiamo dicendo al compilatore che `mattina` conterrà sempre un booleano valido, e mai un valore null.

Il punto esclamativo si chiama "*operatore di asserzione non null*", anche noto come operatore *Bang*. Questo operatore fa in modo che Dart e Flutter **considerino un valore come non nullable, anche quando è in effetti nullable**.

Tuttavia, tieni presente che se ti sbagli e il valore è effettivamente null, ottieni un'eccezione in fase di esecuzione: quindi il mio consiglio è di utilizzare l' operatore di asserzione non null solo quando ne hai veramente bisogno (cioè il meno possibile).

1. Ora, rimuovi il punto esclamativo accanto a `mattina`.
2. Controlla se `mattina` è effettivamente `null` e, se lo è, impostalo su true.

```
String saluto;
  if (mattina == null) {
    mattina = true;
  }
```

A questo punto ricevi un avviso: puoi semplicemente ignorarlo per ora.

Nota come ora l' istruzione `if (mattina)` non genera più alcun errore anche se `mattina` è un valore nullable! Potresti chiederti come questo sia possibile.

Questo comportamento si chiama **promozione di tipo** (***type promotion*** in inglese) ed è un concetto utile da comprendere e ricordare quando si ha a che fare con la null safety. Promozione di tipo significa che **Dart promuove un tipo nullable e lo considera non nullable dopo un controllo sul valore null**. E questo ha perfettamente senso se ci pensi, poiché è molto difficile generare errori null dopo un controllo sul valore null, e mostra anche quanto sia intelligente il compilatore Dart.

Prima di passare alla prossima sezione, diamo un'occhiata all'avviso che DartPad dà sul controllo di null: dice è meglio usare ??= anziché testare un valore null.

1. Commenta il blocco `if`;
2. Sotto il codice commentato, scrivi:

```
mattino ??= true;
```

Questo genera un risultato identico al codice che hai commentato: significa che quando mattino è `null`, prende `true`, altrimenti ignora semplicemente l'istruzione.

Questo si chiama **operatore di assegnazione null**, nel senso che assegna il valore a destra (true) alla variabile a sinistra (mattino) solo se la variabile a sinistra è attualmente `null`. In effetti, un modo molto sintetico ed efficace assegnare un valore solo quando la variabile è `null`.

Trovi in appendice un approfondimento sulla Null Safety e le sue ripercussioni su Flutter.

Riepiloghiamo brevemente quanto abbiamo trattato in questo capitolo.

Riepilogo

In questo capitolo hai visto una breve introduzione a Dart. Se già usavi un linguaggio di programmazione ad oggetti, hai visto quanto è familiare e amichevole la sintassi Dart.

In particolare, abbiamo utilizzato DartPad, uno strumento web che permette di provare il codice Dart direttamente dal browser. Hai visto come si dichiara una variabile, come si costruisce un ciclo `if`, `for`, `while`, e `do while`.

Hai utilizzato una lista ed il suo metodo `forEach`, e hai visto come si utilizzano l'operatore freccia ("=>") e l'operatore ternario per semplificare il codice.

Hai visto come si comportano Classi e oggetti e oggetti in Dart, e come creare una classe, istanziare un oggetto, creare campi, costruttori e metodi all'interno della classe.

Infine hai visto i fondamenti della Null Safety in Dart, che ti sarà particolarmente utile nella creazione delle app.

E in effetti, a partire dal prossimo capitolo, cominceremo ad utilizzare questa sintassi per creare delle app con Flutter. Ed è qui che inizia la parte più divertente del libro, in cui creerai delle app funzionanti da zero.

Capitolo 2: Ciao Flutter

In questo capitolo creeremo la nostra prima app con Flutter.

Il codice completo di questo capitolo è disponibile su Github, all'indirizzo: https://github.com/simoales/crea_app_con_flutter.

La nostra cara amica Rut Flet ci ha chiesto di creare una app per presentare la sua gelateria artigianale. Si tratta di un'app molto semplice, con una sola schermata. Ci sarà il titolo, una foto del gelato di cui Rut va più fiera e una breve descrizione del suo negozio. In più ci sarà un pulsante. Quando l'utente dell'app premerà il pulsante, potrà vedere la mail di Rut, in modo da poterla contattare per chiedere informazioni.

Il risultato finale è mostrato qui sotto:

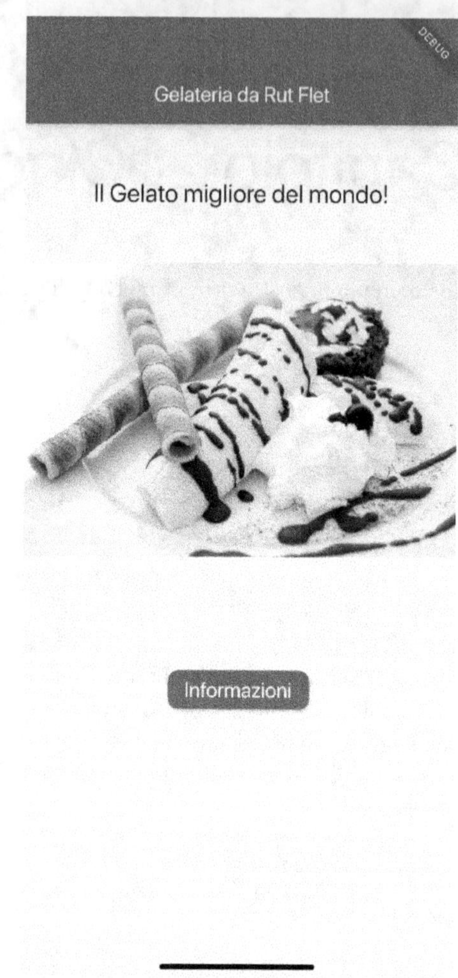

Questo ci permetterà di vedere diversi aspetti di Flutter. In particolare:

- Come creare una nuova app con l'interfaccia a riga di comando di Flutter;

- La struttura di un'app;
- Cosa sono i Widget;
- Cos'è il Widget Tree (o *albero dei Widget*);
- Cos'è il Material Design;
- Come costruire un'interfaccia grafica;
- Come aggiungere testo, immagini e un pulsante interattivo;
- Come funziona uno SnackBar;

Per creare l'app descritta in questo capitolo ci sono alcuni prerequisiti: avere un pc con Windows, Linux o Chrome OS, oppure un Mac, e aver installato Flutter e uno degli editor consigliati. Personalmente suggerisco di usare **Visual Studio Code** (che funziona su tutti i sistemi operativi che citati prima), ma anche Android Studio, IntelliJ idea o emacs vanno benissimo, soprattutto se già li usi.

In più serve un dispositivo, fisico o emulato, dove provare l'app mentre la crei, con Android o iOS. Una piccola annotazione: per provare le app su un dispositivo iOS (Apple) attualmente serve un Mac. Per Android invece va bene qualunque sistema operativo, compreso il Mac. Se non vuoi provare le app su un dispositivo mobile, puoi anche eseguire le app su un browser Chrome o Edge, quest'ultimo solo su Windows, oppure sul Desktop.

Vediamo qualche indicazione sulla configurazione del tuo sistema.

Preparare l'ambiente per Flutter

Ci sono diversi sistemi operativi e le versioni di Flutter cambiano piuttosto spesso. Quindi invece di riempire queste pagine con un processo di installazione che rischierebbe di diventare obsoleto molto presto, ti indicherò i passaggi richiesti per poter installare Flutter sul tuo sistema, che rimangono validi indipendentemente dal sistema operativo o dalla versione di Flutter attualmente distribuita. In questo modo sarai subito operativo per seguire il resto del capitolo e creare le tue app con Flutter.

Le operazioni necessarie sono:

- Installare il Flutter SDK;

- Installare e configurare l'editor;
- Preparare il sistema per i test con:
    - Emulatore / Simulatore, oppure
    - Dispositivo fisico, oppure
    - Desktop

Vediamole in ordine a partire dall'installazione del SDK.

Installare l'SDK di Flutter

L'acronimo SDK vuol dire *Software Development Kit*: kit per lo sviluppo dei programmi. Installare il Flutter SDK è il primo passaggio per preparare il tuo sistema. I link che metto in questa parte rimandano alla guida ufficiale di Flutter, che è sempre la più aggiornata ed accurata, ma è in inglese. Se non parli inglese, ti suggerisco di tradurre la pagina in italiano con il tuo browser (se usi Chrome basta cliccare con il tasto destro del mouse e selezionare "Traduci in italiano"): quando ho provato viene fuori una traduzione piuttosto buona.

Ecco i link:

Per Windows: https://flutter.dev/docs/get-started/install/windows

Per Mac: https://flutter.dev/docs/get-started/install/macos

Per Linux: https://flutter.dev/docs/get-started/install/linux

Per Chrome OS: https://flutter.dev/docs/get-started/install/chromeos

Una volta installato l'SDK, puoi procedere all'installazione e configurazione del tuo editor.

Installare e configurare l'editor

Per gli esempi nel libro utilizzo Visual Studio Code, ma suggerisco di **installare Android Studio in ogni caso**, perché è il modo più semplice di preparare il sistema per creare app per Android e per creare un emulatore di Android.

Per installare Android Studio (tutti i sistemi):

https://flutter.dev/docs/get-started/editor?tab=androidstudio

Per installare e configurare Visual Studio (tutti i sistemi):

https://flutter.dev/docs/get-started/editor?tab=vscode

Se hai un Mac e vuoi sviluppare per iOS, è necessario installare anche XCode, che trovi sul Mac App Store. Per questo serve un account Apple.

Provare le app

Se non avessimo la possibilità di provare il nostro codice durante lo sviluppo sarebbe davvero difficile scrivere anche la più semplice delle app. Ecco perché consiglio di configurare un dispositivo, fisico o emulato, sul tuo sistema. Potrai eseguire le prime app di questa guida anche semplicemente su Chrome o Edge, senza configurare un SDK specifico per la destinazione delle app.

In generale provare le app su un dispositivo fisico è l'ideale, perché non consumerai preziosa RAM e potenza di calcolo della tua macchina di sviluppo.

Per Android, puoi installare un emulatore (***Emulator***) direttamente con Android Studio. Le istruzioni per farlo le trovi a questo indirizzo:

https://flutter.dev/docs/get-started/install/windows#set-up-the-android-emulator

Suggerisco di installare un Google Pixel, con l'ultimo sistema operativo stabile disponibile.

Per quanto riguarda il test su un dispositivo fisico, su Android ci sono migliaia di dispositivi diversi ed è difficile dare istruzioni valide per tutti i sistemi. La maggior parte dei dispositivi comunque dovrebbe funzionare seguendo le istruzioni a questa pagina:

https://developer.android.com/studio/run/device

Invece Apple chiama i propri dispositivi virtuali ***Simulator***. Per Apple scegli un qualunque iPhone. Le istruzioni sono all'indirizzo:

https://flutter.dev/docs/get-started/install/macos#set-up-the-ios-simulator

Mentre per il dispositivo fisico le istruzioni sono specificate qui:

https://flutter.dev/docs/get-started/install/macos#deploy-to-ios-devices

Prima di proseguire nella lettura, per essere sicuri che tutto funzioni correttamente, dal tuo Terminale o Prompt digita il comando:

```
flutter doctor
```

Questo comando controlla **lo stato dell'installazione di Flutter**. Se tutto è configurato correttamente, vedrai una finestra simile a quella illustrata sotto, che si riferisce ad un sistema Windows configurato per Android, con un confortante "`No issues found!`" alla fine del test.

Command Prompt

```
C:\>flutter doctor
Doctor summary (to see all details, run flutter doctor -v):
[√] Flutter (Channel beta, v1.17.0, on Microsoft Windows [Version 10.0.18362.720], locale en-US)

[√] Android toolchain - develop for Android devices (Android SDK version 29.0.0)
[√] Chrome - develop for the web
[√] Android Studio (version 3.4)
[√] VS Code, 64-bit edition (version 1.43.2)
[√] Connected device (3 available)

• No issues found!

C:\>
```

Se invece ricevi qualche errore, verifica di aver seguito tutti i passi descritti sopra e di aver collegato il tuo dispositivo, o attivato l'emulatore o simulatore.

In alternativa è anche possibile eseguire le app direttamente sul browser. Alcune librerie di terze parti tuttavia potrebbero non funzionare (in particolare l'app creata nell'ultimo capitolo del libro non è compatibile con il web).

Quando è tutto a posto sei finalmente pronto a scrivere la tua prima app con Flutter!

La tua prima app con Flutter

Un'app in Flutter è composta da **Widget**. Per questo, una delle affermazioni che sentirai più spesso quando inizi a studiare Flutter, è che ***In Flutter tutto quello che vedi è Widget***.

Un widget è una descrizione di parte dell'interfaccia grafica: tutto ciò che il tuo utente vede e con cui interagisce come un testo, un pulsante, un'immagine, una tabella, una lista che scorre, è un widget. Persino l'app stessa è, in effetti, un widget!

Strutturalmente, i widget sono **oggetti**, ovvero istanze di classi, che utilizziamo con la sintassi Dart che abbiamo visto nella sezione "*Classi e Oggetti*" del capitolo precedente. Sono proprio i widget la caratteristica fondante ed il punto di forza di Flutter.

Per creare l'interfaccia grafica della tua app quindi, utilizzi widget, e il linguaggio che usi per creare widget è Dart.

Se hai programmato con altri linguaggi per lo sviluppo di app o per il web, troverai questo concetto un po' alieno: la maggior parte degli altri framework descrive l'interfaccia con linguaggi di *markup* come HTML, XML o qualche variante.

In Flutter sia la logica dell'applicazione che la sua interfaccia grafica si scrivono in Dart.

Utilizzare il Flutter tool per creare una nuova app

Quando nella sezione precedente hai configurato il tuo sistema per poter sviluppare con Flutter, hai installato, tra le altre cose, il **Flutter tool,** uno strumento di gestione a riga di comando che permette, tra le altre cose, di creare una nuova app.

Quando hai digitato il comando `flutter doctor` per verificare lo stato dell'installazione, in effetti hai già usato il Flutter Tool.

Nei prossimi capitoli utilizzeremo direttamente Visual Studio Code per creare nuovi progetti, ma per questa prima app useremo lo strumento a riga di comando, perché è utile sapere che esiste e quali sono le sue funzioni principali: alcune di esse ci saranno indispensabili più avanti.

1. Per cominciare, apri una finestra del Terminale o il Prompt dei comandi.
2. Posizionati nella cartella o directory dove vuoi creare la tua prima app
3. Digita il comando per creare la tua prima app:

```
flutter create ciao_rut_flet
```

4.
5. **Il comando `flutter create` crea una nuova app.** Subito dopo inserisci il nome dell'app, che in questo caso è `ciao_rut_flet` (Rut Flet è a nostra amica gelataia per cui stiamo sviluppando l'app). I nomi delle app in Flutter dovrebbero seguire la convenzione: *minuscolo_con_underscore*: i nomi delle app devono essere in minuscolo, e quando il nome è composto da più parole, le parole

dovrebbero essere separate dal carattere *underscore* “ _ ”, o come l’ho sentito chiamare una volta durante una lezione, il “trattino che sta per terra”.

Dopo qualche secondo, dovresti vedere una schermata simile a quella illustrata sotto:

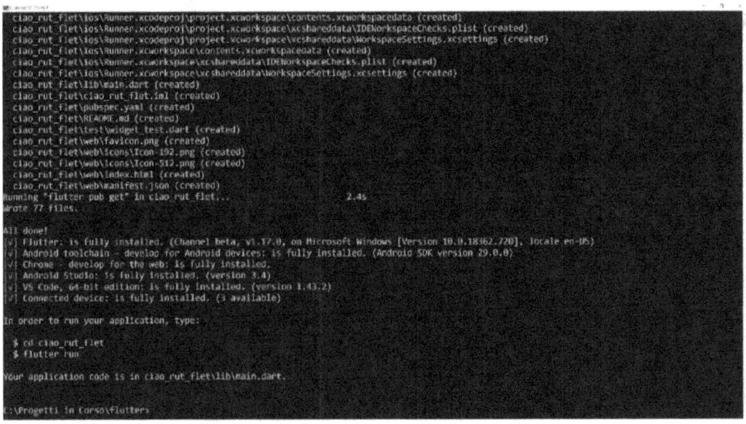

6.
7. Digita il comando

```
cd ciao_rut_flet
```

Questo ci sposterà all’interno della nuova cartella del progetto appena creato.

8. Infine, assicurati di avere un emulatore / simulatore attivo o un dispositivo collegato, quindi digita il comando:

```
flutter run
```

Questo serve ad eseguire l’app appena creata nel dispositivo collegato.

Dopo alcuni secondi, se tutto è andato a buon fine, dovresti vedere sul tuo emulatore o dispositivo una schermata simile all'immagine qui sotto:

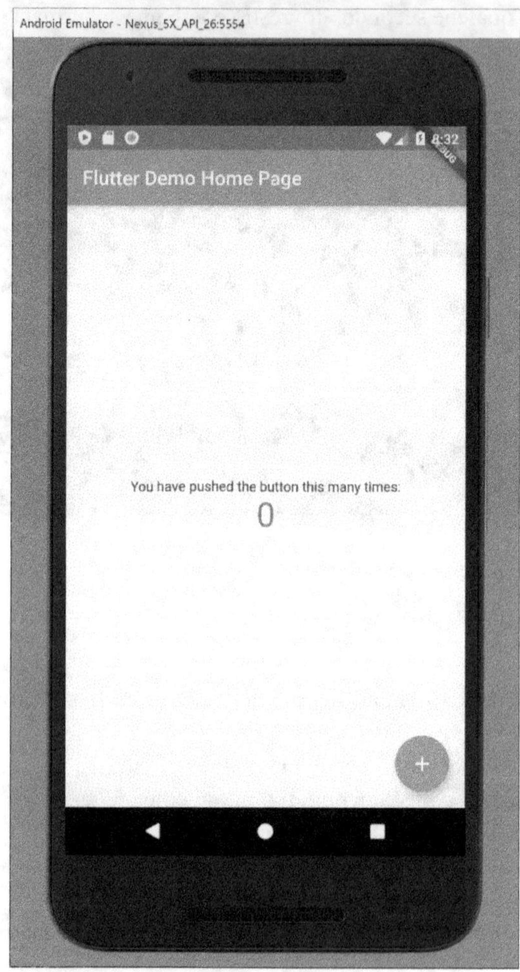

Si tratta dell'applicazione di prova, che viene generata ogni volta che crei una nuova app con Flutter. Se vuoi vedere come funziona, puoi premere il pulsante con il "+" in basso a destra, ed il numero al centro dello schermo aumenterà ogni volta che premi il pulsante. Quando sarai soddisfatto del numero che compare al centro, dal Terminale premi contemporaneamente *Ctrl* + *c* per interrompere l'esecuzione e poi conferma digitando una `y`.

Se qualcosa non ha funzionato, dal Terminale verifica con il comando `flutter doctor` lo stato di installazione di Flutter.

Ora dobbiamo trasformare questa app, che non è utile alla nostra amica Rut e fare in modo che chi la utilizza possa ricevere tutte le informazioni utili sulla gelateria. Per farlo, utilizzeremo un editor.

La Struttura di un progetto

Ora siamo pronti ad aprire il progetto con Visual Studio Code (o se preferisci Android Studio o Intellij Idea). Dal menu file, seleziona "Open Folder" (Oppure "Add folder to workspace" da Mac), e trova la cartella `ciao_rut_flet` dove abbiamo creato il progetto, quindi premi il pulsante "Select Folder" per confermare.

Dovresti vedere una schermata simile alla figura qui sotto:

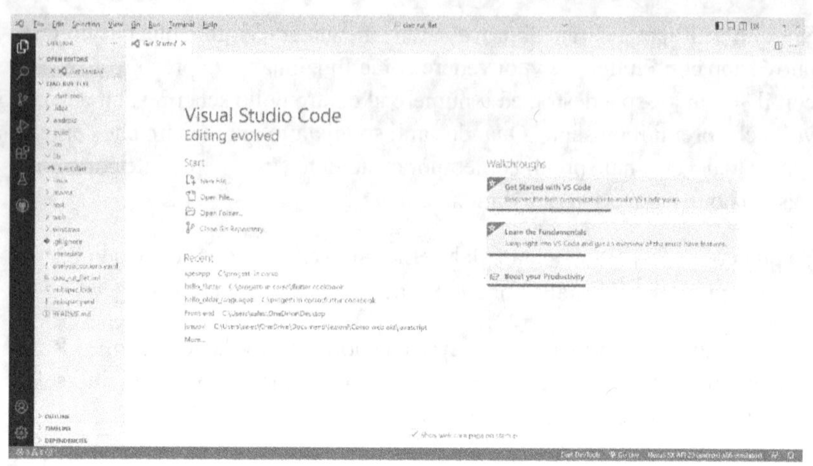

In Visual Studio Code, sulla sinistra trovi il **File Explorer**, che ti permette di vedere e selezionare tutte le cartelle ed i file del progetto. Quando selezioni uno dei file, nella parte centrale della finestra puoi modificare il contenuto dei file selezionati. Il file che ci serve si chiama `main.dart` e si trova nella cartella `lib`: questo contiene il codice dell'app predefinita di Flutter.

Se non vedi il File Explorer, o quando vuoi richiamarlo dopo aver utilizzato altre funzioni, fai click sul pulsante in alto a sinistra, che raffigura due rettangoli, o fogli: questo riapre il file Explorer, che ti permette di navigare all'interno del progetto. **Il file `main.dart` è il file iniziale della nostra app.**

Visto che dobbiamo vedere come si costruisce un'app da zero, cancella tutto il contenuto del file.

Ora armati di pazienza, fai un bel respiro, e cominciamo a scrivere il nostro codice:

1. Digita il codice:

```
import 'package:flutter/material.dart';
```

L'istruzione import serve a "importare" delle librerie o "pacchetti".

Il Material Design è un linguaggio di design sviluppato da Google a partire dal 2014, che simula la realtà attraverso "materiali", come un foglio di carta, o l'inchiostro. Per saperne di più sul Material Design puoi dare un'occhiata al sito ufficiale, all'indirizzo: https://material.io.

L'import del pacchetto `material.dart` sarà una costante per tutti i nostri file che mostrano un'interfaccia grafica.

2. Subito sotto digita:

```
void main() => runApp(RutApp());
```

Questo è il metodo `main`, che, come ricorderai, è il punto di accesso di tutte le app Dart e Flutter. Qui stiamo usando l'operatore freccia, perché il metodo è composto da una sola riga di codice. In particolare, questa istruzione chiama il metodo `runApp`, passando come parametro un costruttore di una classe, `RutApp`, che dobbiamo ancora creare. Per questo troverai che `RutApp` è sottolineato come errore: ancora non esiste e la dobbiamo creare.

Il metodo `runApp`, che come `main()` è **obbligatorio** per tutte le app Flutter, è il metodo che serve a caricare un widget e mostrarlo sullo schermo.

3. Sotto il metodo `main`, creiamo una classe chiamata `RutApp`:

```
class RutApp extends StatelessWidget {
     const RutApp({super.key});
}
```

Qui stiamo creando una classe, a cui decidiamo di dare il nome `RutApp`, che deriva, o per meglio dire ***eredita***, da un'altra classe, chiamata `StatelessWidget`.

Semplificando molto, **ereditare** vuol riprendere tutti i metodi e le proprietà della classe da cui si eredita, in questo caso `StatelessWidget`.

Nei linguaggi orientati agli oggetti, **ereditarietà** è il principio per cui se una classe figlia eredita da una classe madre, la classe figlia può direttamente utilizzare i metodi e le proprietà della classe madre.

In Flutter ci sono due tipi di widget: gli *StatelessWidget* e gli *StatefulWidget*. Puoi usare gli Stateless widget quando non hai bisogno di cambiare un widget dopo la sua creazione: viceversa, usi uno Stateful widget quando il contenuto del widget può cambiare nel corso del suo ciclo di vita. Vedremo meglio questa differenza in seguito, per ora è sufficiente sapere che grazie al comando `extends StatelessWidget`, ora `RutApp` è un widget, ed è il primo widget all'interno della nostra app.

Nota che l'istruzione `const RutApp`, con il parametro `super.key` è un metodo **costruttore** della classe. Questo costruttore è costante, `const`, ovvero non cambia mai durante il ciclo di vita dell'oggetto.

`super.key` è un parametro che viene passato al costruttore, ma poiché è incluso in parentesi graffe, si tratta di un parametro **facoltativo**. Infatti, dal metodo `runApp` chiamiamo `RutApp` senza passare nessun parametro. `Super` si riferisce alla classe padre, cioè `StatelessWidget`, e `key` è una delle sue proprietà. In particolare, `key` serve ad identificare un widget in modo univoco. Possiamo ignorare questa proprietà nella maggioranza delle situazioni.

4. Aggiungi due righe **all'interno** della classe RutApp:

```
@override
Widget build(BuildContext context) {}
```

`Override` vuol dire che nella classe da cui abbiamo ereditato, c'è un metodo che vogliamo sovrascrivere. Il metodo da sovrascrivere è `build`, che viene automaticamente chiamato da Flutter al caricamento di questo Widget.

Il `BuildContext` è il contesto di esecuzione attuale, che prenderemo in esame più avanti.

Ora noterai che `build` è sottolineato in rosso. Questo avviene perché il metodo `build` prevede che venga restituito un Widget, mentre in questo momento `build` non restituisce nulla. Vediamo di correggere:

5. Nel metodo build aggiungi:

```
return MaterialApp(
      home: const Text('Gelateria da Rut Flet')
);
```

Qui stiamo restituendo un Widget, che si chiama `MaterialApp`. `MaterialApp` è il contenitore principale che usi ogni volta che vuoi creare un'app che utilizza il Material Design.

`MaterialApp` non ha nessun aspetto concreto, per cui dobbiamo specificare quello che si vede all'interno della sua proprietà home. In questo caso un widget che si chiama `Text`. **`Text` è il widget che utilizziamo per visualizzare del testo.** E' contrassegnato come costante (`const`) perché non cambia mai durante il ciclo di vita dell'applicazione.

Siamo pronti a vedere il risultato di quanto abbiamo scritto.

Per provare un'app da Visual Studio Code, bisogna premere il pulsante con il triangolo e il bug (che in italiano potremmo tradurre con un poco elegante *scarafaggio*), un paio di pulsanti sotto i fogli del file Explorer. Da lì possiamo ulteriormente premere il triangolino che compare in alto, o premere il pulsante "Run App".

Dopo qualche secondo, sul tuo dispositivo dovrebbe comparire una schermata simile a questa:

In effetti, questa rischia di essere l'app più brutta che tu abbia mai visto. D'altra parte è anche la tua prima app con Flutter, quindi trattiamola con il dovuto rispetto, anche perché hai visto diversi elementi. Riassumiamoli brevemente prima di dare alla nostra app un aspetto un po' più presentabile:

- Quando si crea un'app con Flutter vengono creati diversi file. Il `main.dart`, che è il file di partenza dell'app, si trova nella cartella `lib`.
- All'inizio del file, occorre importare `material.dart`, che contiene i vari Widget del Material Design.

- Il metodo di partenza si chiama `main`, e nel `main` si chiama il metodo `runApp` con il nome del Widget da cui parte l'app.
- Un `Widget` è una classe, che eredita (`extends`) da `StatelessWidget` o `StatefulWidget`. Nel nostro esempio abbiamo ereditato da `Stateless` widget perché non abbiamo bisogno di cambiare nulla durante il ciclo di vita della schermata.
- All'interno di uno `StatelessWidget` si deve fare l'`override` del metodo `build()`, che viene chiamato automaticamente dal framework quando viene caricato (in inglese *inflated*, "esploso") il Widget.
- Nel metodo `build` si deve restituire un Widget, e il widget di partenza (o radice) di una app che utilizza il Materia Design è "`MaterialApp`".
- `MaterialApp` ha una proprietà che si chiama `home`, dove inserire quello che l'utente dovrà visualizzare.
- Nella proprietà `home` del nostro esempio abbiamo inserito un widget che si chiama `Text`, che serve a visualizzare del testo.

Come vedi in una dozzina di righe di codice abbiamo già introdotto moltissimi concetti di Flutter. Ora cerchiamo di abbellire un pochino la nostra app, prima di sottoporla alla nostra cliente Rut.

Utilizzare Scaffold, Hot Reload e Widget Tree

Una delle caratteristiche più interessanti di Flutter è la possibilità di non dover far ripartire (o *ricompilare*) l'app ogni volta che facciamo una modifica, specialmente se quello che cambiamo riguarda l'aspetto dell'interfaccia grafica.

In pratica possiamo **modificare il codice mentre l'app è in esecuzione ed i cambiamenti saranno immediatamente visibili sul dispositivo.**

Possiamo associare questa caratteristica di Flutter, che si chiama **Hot Reload**, ad una funzione di Visual Studio Code, che è il salvataggio automatico in tempo reale. Questo ti eviterà di salvare i file manualmente quando fai una modifica: ogni volta che scrivi qualcosa, sarà l'editor stesso a salvare le tue modifiche automaticamente. Insieme Hot Reload e salvataggio automatico permettono di risparmiare tantissimo tempo, e questo rende particolarmente felice il nostro pigro programmatore.

Per abilitare il salvataggio automatico su Visual Studio Code, vai sul menu File e seleziona **Auto Save**.

Ora che possiamo vedere in tempo reale le modifiche, facciamone una al nostro codice: nella home di `MaterialApp`, invece di inserire direttamente il Text, inseriamo uno `Scaffold`, come nel codice qui sotto:

```
return MaterialApp(
      home:  Scaffold(
        appBar: AppBar(title: const Text('Gelateria da
Rut Flet'),),
        body: const Text('Contenuto del body'))
      );
  }
```

Se tutto funziona come previsto, dovresti vedere una schermata simile a quella qui sotto:

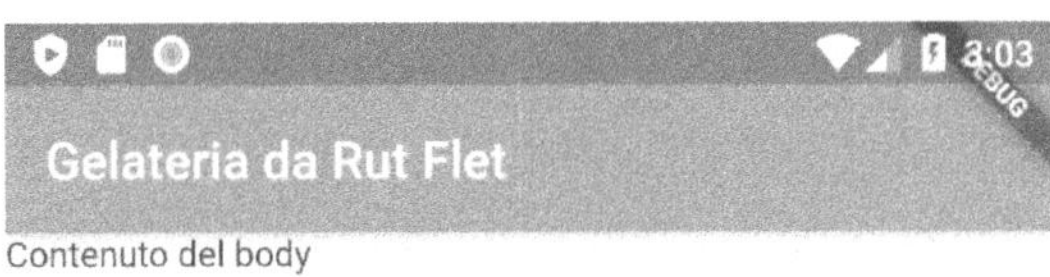

L'app non è ancora perfetta, ma è decisamente meglio di prima. Come `MaterialApp`, anche `Scaffold` è uno dei widget che utilizzerai nella quasi totalità dei tuoi progetti: si tratta di un contenitore con delle proprietà utilissime per le interfacce che usano il Material Design. Per ora ne stiamo usando due: `appBar` e `body`.

`AppBar` è ciò che compare in blu, nella parte alta dello schermo. La proprietà `appBar` dello Scaffold si aspetta un widget che si chiama `AppBar`. Nota l'uso delle maiuscole: la **proprietà** `appBar` (iniziale minuscola) si aspetta un **widget** di tipo `AppBar` (iniziale maiuscola). All'interno dell'`AppBar`, abbiamo inserito, nella sua proprietà `child`, il widget `Text`, con la scritta "Gelateria da Rut Flet".

Per convenzione, le proprietà sono in *camelCase:* iniziano con una minuscola e se sono composte da più di una parola, ogni parola dopo la prima inizia con una maiuscola. I widget invece, come anche le altre classi, sono in *PascalCase:* iniziano sempre con una maiuscola e anche le parole successive alla prima utilizzano la maiuscola.

La proprietà `body` è il **contenuto** dello `Scaffold`. In questo caso, uno spazio bianco in cui abbiamo messo un secondo widget di tipo `Text`, stavolta con la scritta "Contenuto del body".

Riassumendo, la struttura della nostra app in questo momento è fatta in questo modo:

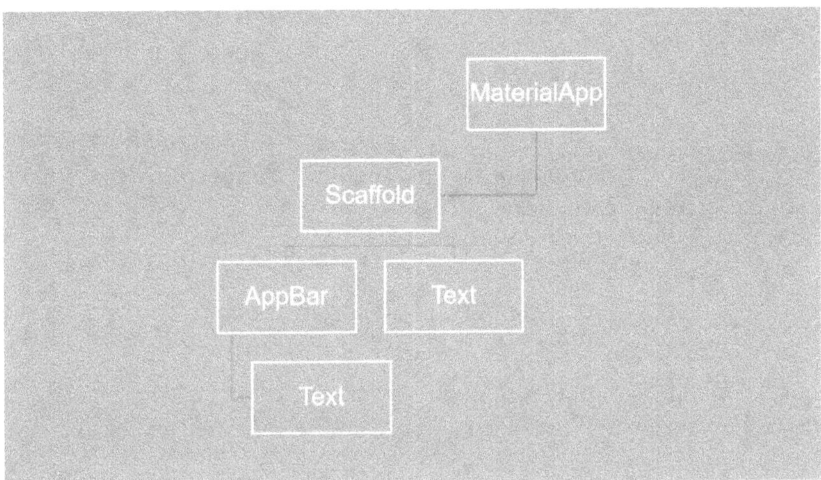

`MaterialApp` contiene uno `Scaffold`. Lo `Scaffold`, nella proprietà `appBar` contiene un `AppBar`, che a sua volta contiene un `Text` (con la scritta "Gelateria da Rut Flet"); nella proprietà `body` per ora lo `Scaffold` contiene solo un `Text` (con la scritta "Contenuto del body"). Stai cominciando a vedere come **componendo i Widget, in una struttura gerarchica, in Flutter si crea l'interfaccia grafica.**

Questa struttura, che vedi nel diagramma sopra, si chiama **Widget Tree** (*albero dei widget*). C'è anche il modo di vederla direttamente in Visual Studio Code, in

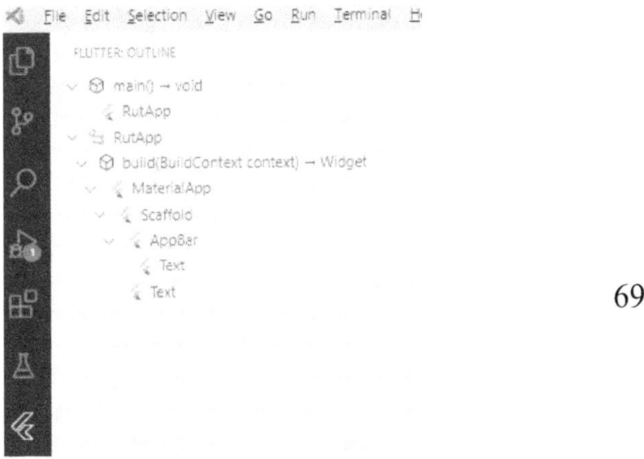

tempo reale: è sufficiente premere il pulsante con la F rovesciata, che è il logo di Flutter, e troverai il Widget Tree con tutti i Widget visibili sullo schermo, come illustrato qui sotto:

Il **Widget Tree** è visibile solo quando l'app è ini esecuzione.

Quindi il **Widget Tree** è il modo in cui organizzi i Widget nello spazio della tua app. Nella prossima sezione vedremo come rendere un po' più articolato il nostro albero.

Nuove foglie per l'albero: Column, Image ed ElevatedButton

In questo momento abbiamo un problema: **il `body` di uno `Scaffold` accetta un solo widget**. Questo vuol dire che, se nel nostro schermo volessimo aggiungere un'immagine sotto il testo, non lo potremmo fare.

Fortunatamente esistono dei widget di tipo *contenitore* (Container Widgets) che accettano anche widget multipli. Uno di questi widget è `Column`, che ha la proprietà `children` (figli): la caratteristica di `Column` è disporre i suoi elementi figli **uno sotto l'altro**, che è esattamente quello di cui abbiamo bisogno.

Come ricorderai, il nostro obiettivo è visualizzare un testo in alto, poi un'immagine e sotto un pulsante.

6. Per ora modifica il body dello Scaffold in questo modo:

```
body: Column(
```

```
  children:[
    const Text('Contenuto del body'),
     Image.network('https://bit.ly/flutgelato'),
],
```

Il risultato sul tuo emulatore dovrebbe essere simile a quello mostrato qui sotto:

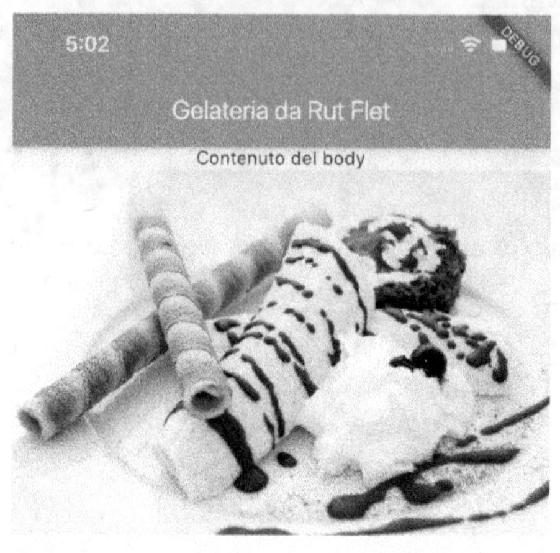

Quello che abbiamo fatto con il codice sopra è stato sostituire, nel `body` dello `Scaffold`, il contenuto di prima, che era un widget di testo `Text`, con un widget `Column` (colonna), che ha una proprietà `children` che riceve tutti i Widget che vogliamo disporre verticalmente.

Nella proprietà `children` abbiamo inserito per ora due Widget: il testo (`Text`) e un'immagine presa da internet. `Image` è il widget che mostra le immagini. `Image.network()` è un costruttore che prende il percorso dell'immagine (`url`) da cui scaricare un'immagine dal web. Nota che tutti i widget all'interno di un Column sono separati tra loro da una virgola ",". Puoi aggiungere una virgola anche dopo l'ultimo widget dell'insieme dei *children* della Column, ma è facoltativo.

Adesso ci rimane un ultimo elemento da aggiungere: il pulsante che darà all'utente il messaggio che contiene l'e-mail di Rut. Aggiungiamolo ai figli di `Column`.

7. Nel body dello `Scaffold`, aggiungi un `ElevatedButton`, sotto all'immagine, come mostrato qui sotto:

```
ElevatedButton(
  child: const Text('Informazioni'),
  onPressed: () {}),
```

A questo punto se provi la tua app dovresti vedere un pulsante con la scritta "Informazioni" sotto all'immagine. Se premi il pulsante ancora non succede nulla, ma presto aggiungeremo il codice per dare un messaggio all'utente.

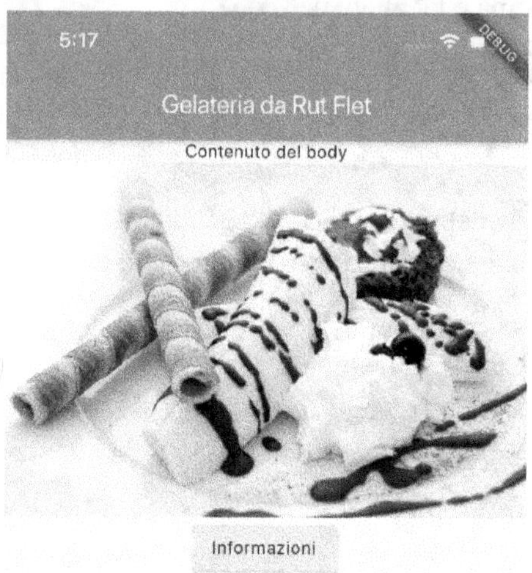

Il nuovo widget che abbiamo aggiunto, `ElevatedButton`, è per l'appunto un pulsante. La proprietà `child` (*figlio*) del pulsante prende il contenuto, che normalmente è un testo, come in questo caso. Il contenuto potrebbe anche essere un'icona, o una combinazione di testo e icona.

La proprietà `onPressed` invece è molto interessante: `onPressed` significa letteralmente "quando viene premuto". Quindi la proprietà `onPressed` si aspetta un metodo (che per ora abbiamo lasciato vuoto, con le doppie parentesi tonde e graffe) che verrà **automaticamente richiamato quando l'utente preme il pulsante**.

Come vedi siamo più vicini all'obiettivo che ci eravamo fissati all'inizio del capitolo.

Ci rimangono due azioni da fare: dare il messaggio all'utente e abbellire un po' la schermata. Cominciamo con uno `SnackBar`.

Comunicare con l'utente con lo SnackBar

È vero, io sono un po' fissato con i gelati, ma il Widget che vedremo ora e che utilizzeremo per mostrare un messaggio all'utente si chiama proprio `SnackBar`. **Uno `SnackBar` è un Widget che mostra una breve animazione con un contenuto in fondo ad uno Scaffold.**

Vogliamo mostrare il messaggio quando l'utente preme il pulsante Informazioni.

1. Nell'`ElevatedButton` aggiungi il codice qui sotto:

```
ElevatedButton (
  child: const Text('Informazioni'),
  onPressed: () {
    SnackBar snackBar =
    const SnackBar(content: Text('La mail di Rut è
rut@flet.dev'));

ScaffoldMessenger.of(context).showSnackBar(snackBar);
```

```
}),
```

Per specificare cosa contiene lo `SnackBar` si usa la proprietà `content`. Creare uno `SnackBar` non visualizza l'animazione automaticamente: il modo per richiamare uno `SnackBar` è chiamare il metodo `showSnackBar` sullo `ScaffoldMessenger`, nel contesto di esecuzione corrente.

Il contesto di esecuzione `BuildContext` **indica al framework dove vogliamo visualizzare il messaggio.**

Il problema è che, se provi ad eseguire il codice ora, non viene visualizzato nulla.

Potrebbe anche essere interessante cominciare a vedere la **Debug Console**, che spesso ci aiuta a rilevare problemi quando qualcosa non funziona nel nostro codice. Per visualizzare la Console, se non la vedi, da Visual Studio Code seleziona il menu `View` e poi `Debug Console`.

Se provi a premere il pulsante `Informazioni` della nostra app, il messaggio di errore, che compare in rosso nella console è ScaffoldMessenger.of() called with a context that does not contain a Scaffold.

In pratica questo vuol dire che Flutter non trova lo `ScaffoldMessenger`. Uno `ScaffoldMessenger` richiede uno `Scaffold`, e lo `Scaffold` non esiste nel contesto corrente! Il che in effetti è vero: se ci pensi il contesto che utilizziamo è quello che viene passato al metodo build. Ma è il metodo build a costruire lo `Scaffold`, quindi il contesto passato al metodo `build` **ancora non può contenere uno `Scaffold`**: il risultato è che Flutter non sa dove visualizzare il messaggio. C'è una soluzione abbastanza semplice per questo: utilizzare un altro widget, chiamato `Builder`, che ricrea il `BuildContext` nel `body` dello Scaffold.

2. Modifica il codice del `body` in questo modo:

```
body: Builder(builder: (BuildContext context) {
  return Column(
    children: [
      const Text('Contenuto del body'),
```

```
    Image.network('https://bit.ly/flutgelato'),
      ElevatedButton(
        child: const Text('Informazioni'),
        onPressed: () {
          SnackBar snackBar =
            SnackBar(content: const Text('La mail di
Rut è rut@flet.dev'));
ScaffoldMessenger.of(context).showSnackBar(snackBar);
        }),
      ],
    );
}),
```

Se provi ad eseguire il codice ora, quando premi il pulsante viene visualizzata l'e-mail di Rut, come mostrato qui sotto:

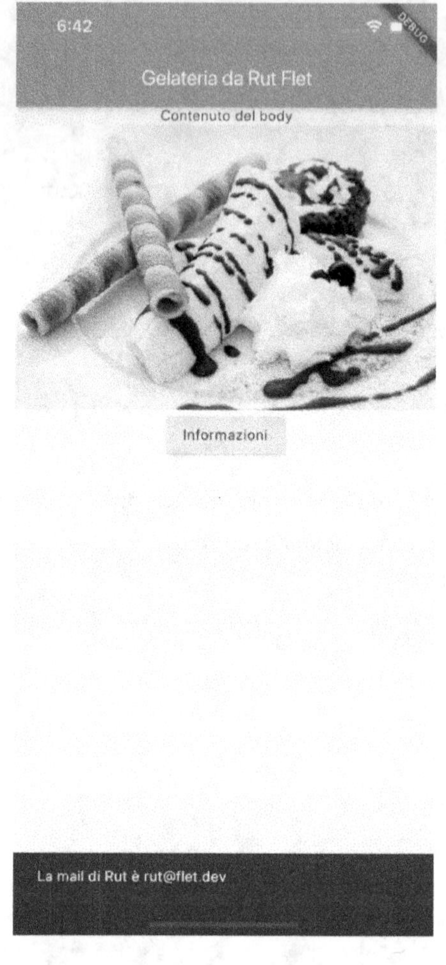

A questo punto non ci rimane che abbellire un po’ la nostra app.

Gestire lo spazio in una Column

In questo momento nella nostra finestra tutto è un po' troppo compresso: sarebbe utile distanziare un po' i widget tra loro. Ci sono letteralmente decine di modi in cui potremmo ottenere questo risultato, ma in questa fase il nostro obiettivo è mantenere le cose il più semplici possibili.

In questo caso useremo uno dei Widget più flessibili disponibili in Flutter: il `Container`. `Container` (*contenitore*) è un widget che **contiene** altri widget. La cosa interessante per noi è che possiamo specificare una dimensione in altezza – `height`, o in larghezza, `width`. Quindi se mettiamo un contenitore vuoto, ma che occupa uno spazio verticale, lo possiamo utilizzare come distanziatore tra gli elementi della colonna.

Quindi se nella `Column` inseriamo un `Container` impostando la proprietà `height`, possiamo creare uno spazio tra gli elementi.

3. Modifica il contenuto della Column come indicato qui sotto:

```
return Column(
  children: [
    Container(height: 50),
    const Text('Contenuto del body'),
    Container(height: 50),
    Image.network('https://bit.ly/flutgelato'),
    Container(height: 100),
      ElevatedButton(
        child: const Text('Informazioni'),
        onPressed: () {
          SnackBar snackBar =
            const SnackBar(content: Text('La mail di Rut è
rut@flet.dev'));

ScaffoldMessenger.of(context).showSnackBar(snackBar);
    }),
],);
```

A questo punto potrai chiederti cosa sono i numeri che abbiamo specificato nella proprietà `height`: si tratta di un valore `double` (valore numerico decimale) che indica il numero di pixel sullo schermo.

In Flutter, quando si parla di **pixel,** si intendono i pixel logici e non quelli fisici. I pixel fisici sono il numero di pixel presenti sul dispositivo (il numero di puntini che compongono le immagini ed indicano la risoluzione dello schermo). Poiché oggi gli schermi hanno moltissime forme e dimensioni, anche quelle dei pixel variano sensibilmente.

Per esempio, un telefono Sony Xperia E4 ha uno schermo di 5 pollici, e una risoluzione di 960 * 540 pixel. L'Xperia X ha la stessa dimensione di 5 pollici, ma una risoluzione di 1920 * 1080. Se volessi disegnare un quadrato di 540 pixel per lato, sul secondo dispositivo il quadrato sarebbe molto più piccolo, esattamente la metà. Per questo c'è bisogno di pixel **logici**. Ogni dispositivo ha una sorta di moltiplicatore interno, così quando usi i pixel logici, non devi preoccuparti troppo della risoluzione dello schermo.

Ora lo spazio è gestito in modo abbastanza corretto, almeno finché non cambiamo l'orientamento del dispositivo. Se provi a ruotare orizzontalmente il tuo dispositivo o emulatore / simulatore, dovrebbe accadere una situazione simile

a quella illustrata qui sotto:

Le righe diagonali gialle e nere indicano un errore nella gestione dello spazio.

Quello che accade è che la nostra colonna, con il suo contenuto, **occupa più spazio di quello disponibile sullo schermo.**

Flutter quindi va in errore e lo segnala con le righe gialle e nere. La soluzione a questo problema è piuttosto semplice e come al solito richiede un widget: basta includere la colonna in un `SingleChildScrollView`.

Si tratta di un contenitore che ha la caratteristica di essere "Scrolling", cioè di permettere lo scorrimento quando il suo contenuto supera la dimensione dello schermo.

Usando Visual Studio Code, abbiamo una serie di aiuti quando dobbiamo fare delle modifiche comuni al codice, anche dette "refactoring". So che avrei potuto scriverlo prima, ma è sempre una buona idea scrivere un po' di codice prima di fare modifiche automatiche. Si impara molto meglio e si apprezza di più l'automatismo.

In ogni caso, per includere la colonna in un `SingleChildScrollView`, basta posizionarsi con il cursore sulla `Column`, poi premere il tasto destro del mouse, selezionare `refactor` dal menu contestuale, poi "Wrap in widget", che significa *circonda in un Widget*. Compare `Widget`, con la proprietà `child` settata sulla Column. Basta sostituire widget con `SingleChildScrollView` e il gioco e fatto. Se provi l'app, anche in orizzontale, tutto dovrebbe funzionare correttamente. Per vedere il pulsante basta scorrere la schermata verso il basso.

A questo punto non rimane che scegliere i colori e decorare la scritta iniziale.

Scegliere un tema per l'app e utilizzare uno stile per il testo

Più avanti vedremo modi più elaborati per scegliere i colori, ma ce n'è uno semplicissimo ed estremamente efficace, che trasforma un'app con una sola riga di codice:

1. Prima della proprietà home, nello `Scaffold` specifica per il valore della proprietà `theme` (tema) un `ThemeData`, che per

`primarySwatch` prende `Colors.brown`.
`ThemeData` è una classe che permette di specificate l'aspetto degli elementi in un'app. In particolare, puoi specificare il `primarySwatch`, che semplificando un po' è il colore principale dell'app.

```
return MaterialApp(
  theme: ThemeData(primarySwatch: Colors.brown),
```

2. Esegui l'app.

Noterai che non solo è cambiato il colore di sfondo dell'`AppBar`, ma anche colore del testo del primo `Text` e di quello sopra il pulsante.

3. Aggiungi anche il `title` (titolo) dell'app con il codice sotto:

```
return MaterialApp(
  title: 'Rut Flet',
  theme: ThemeData(primarySwatch: Colors.brown),
```

4. Infine, per concludere la nostra app, modifica il primo `Text` della colonna e aggiungi uno stile al testo, con il codice qui sotto:

```
child: Column(
  children: [
    Container(height: 50),
    const Text('Il Gelato migliore del mondo!',
      style: TextStyle(
           fontSize: 24,
           fontWeight: FontWeight.bold
    ),
),
```

`TextStyle` permette di modificare l'aspetto di un testo: in questo caso abbiamo ingrandito la dimensione del carattere con `fontSize: 24` e reso il testo grassetto con `fontWeight: FontWeight.bold`.

5. Modifica il pulsante e il suo testo in questo modo:

```
ElevatedButton(
  style: ElevatedButton.styleFrom(
      shape: RoundedRectangleBorder(
      borderRadius: BorderRadius.circular(10))),

  child: const Text('Informazioni',
    style: TextStyle(
      color: Colors.white,
      fontSize: 20),),
```

Abbiamo cambiato il testo del pulsante ingrandendo un po' il carattere e cambiandone il colore in bianco, poi abbiamo arrotondato la forma (`shape`) del pulsante.

Il risultato finale dovrebbe essere simile alla figura qui sotto:

Che è il risultato finale che volevamo ottenere.

Complimenti! Hai completato la tua prima app con Flutter. Ti meriti un buon gelato (anche migliore di quello raffigurato qui, che di gelato ha ben poco).

Riepiloghiamo brevemente quello che abbiamo visto in questo capitolo.

Riepilogo

Questa è stata una sezione del corso particolarmente importante, perché hai configurato il tuo sistema e creato la tua prima app con Flutter. Complimenti per essere arrivato fin qui!

Abbiamo introdotto diversi concetti:

- Come si crea un nuovo progetto con l'interfaccia a riga di comando di Flutter;
- Il Widget tree e la costruzione dell'interfaccia;
- `MaterialApp`, il Widget radice delle nostre app che usano il Material Design;
- `Scaffold`, il contenitore di Base di quello che si vede sullo schermo;
- `AppBar` per costruire il titolo delle app;
- `SingleChildScrollView`, il contenitore permettere ai widget di scorrere sullo schermo;
- `Column`, il contenitore per disporre gli elementi figli verticalmente;
- `Text`, `Image` e `ElevatedButton;`
- Come funziona uno `SnackBar.`

Nel prossimo capitolo vedrai come creare un'app interattiva.

Capitolo 3: Creare un'app interattiva

La nostra amica Rut Flet è rimasta molto soddisfatta del nostro primo lavoro per la sua gelateria e ci ha chiesto di aiutarla per un'altra app. Spesso, sia per lavoro che per svago, Rut ha necessità di spostarsi e fare lunghi percorsi in macchina: qualche volta però i costi di questi viaggi vanno un po' fuori controllo.

Ci ha chiesto quindi di realizzare un'app per stimare i costi di viaggio, in base numero di chilometri e al tipo di percorso.

L'app che scriverai in questo capitolo, quindi, permetterà al tuo utente di inserire il numero di chilometri in una casella di testo, scegliere il tipo di percorso da un menu a tendina e dopo aver premuto un pulsante, ottenere una stima del costo per il viaggio.

Il codice completo di questo capitolo è disponibile su Github, all'indirizzo: https://github.com/simoales/crea_app_con_flutter.

Finora hai visto come si creano interfacce con Flutter: con questa sezione cominciamo a dare vita a queste interfacce, rendendole interattive.

In effetti, cosa vuol dire interagire con l'utente? Semplificando all'osso, vuol dire che l'utente fornisce un input, e l'app fornisce un output che varia sull'input dell'utente.

Questo implica che ci siano dei dati che variano, durante la vita dell'app: questi dati sono lo "stato" in inglese State, dell'app. Ed è proprio questo il cuore di questo capitolo.

Lo schermo che costruiremo durante questo capitolo è simile alla figura qui sotto:

Si tratta di un'app piuttosto semplice, ma contiene diversi elementi che ci serviranno per i prossimi capitoli. Nel dettaglio vedrai come:

- Creare uno Stateful Widget e gestire State
- Prendere input dall'utente con TextField e TextEditingController

- Visualizzare un menu a discesa con un DropDownButton e DropdownMenuItem
- Gestire lo spazio con il Padding
- Aggiornare lo stato di un widget con il metodo setState

Cominciamo dallo State, o "stato" di un widget.

Utilizzare lo State

I widget che abbiamo utilizzato finora sono **Stateless Widget** (o Widget *senza stato*). Questo vuol dire che una volta disegnati sullo schermo, i Widget non cambiano e non conservano alcuna informazione.

Quando in un'app interagisci con i tuoi utenti, ti aspetti che le cose cambino. Ad esempio, in un'app che calcola il costo di una spedizione, il costo finale indicato all'utente deve cambiare in base ai parametri inseriti.

Il modo più semplice per gestire le informazioni e i cambiamenti in Flutter è usare lo `State` (*Stato*).

Lo State contiene informazioni, che possono essere utilizzate quando si crea uno Stateful Widget e *possono cambiare* durante il suo ciclo di vita.

In Flutter il Widget è sempre immutabile, ma il suo State può cambiare.

In questo non c'è nessuna differenza tra uno Stateless e uno Stateful widget: entrambi sono immutabili.

Quello che cambia è sempre lo State e **lo State è disponibile solo per gli Stateful widget**.

Un'altra differenza tra `Stateless` e `Stateful` widget è che si costruiscono in modo diverso, come vedremo in questo capitolo.

L'app Costo del Viaggio

Ora creiamo il progetto che costruiremo nel corso di questo capitolo. Stavolta invece di usare il Flutter Tool, creeremo la nostra app direttamente utilizzando Visual Studio Code.

1. Apri Visual Studio Code
2. Dal Menu View, scegli `Command Palette`.... In alternativa, puoi accedere al Command Palette con la combinazione di tasti `ctrl + shift + p` (`cmd + shift + p` se hai un Mac).
3. All'interno della casella di testo che compare in alto nella tua finestra di VS Code, digita `Flutter: New Project`
4. Dal menu che propone i vari tipi progetto che si possono creare in Flutter, seleziona "Application".
5. Scegli la cartella dove creare il progetto, e conferma premendo invio.
6. A questo punto puoi inserire il titolo dell'app: puoi chiamare questo progetto `calcola_costi_viaggio.`

Dopo qualche secondo, il progetto sarà creato e pronto ad essere modificato. Questa che hai appena seguito è una procedura alternativa al Flutter tool per creare una nuova app, direttamente dall'editor. Quello che avviene dietro le quinte comunque è identico quindi puoi scegliere il metodo che ti risulta più comodo.

7. Nel `main.dart`, cancella la classe `MyHomePage`, creata da Flutter, e modifica `MyApp` come mostrato nel codice qui sotto:

```
import 'package:flutter/material.dart';

void main() {
```

```
  runApp(const MyApp());
}

class MyApp extends StatelessWidget {
  const MyApp({super.key});

  @override
  Widget build(BuildContext context) {
    return MaterialApp(
      title: 'Calcola Costi Viaggio',
      theme: ThemeData(
        primarySwatch: Colors.orange,
      ),
      home: const CalcolaCostiScreen(),
    );

  }
}
```

Le uniche modifiche che abbiamo apportato all'interno della classe `MyApp` rispetto al progetto predefinito sono il `title` di `MaterialApp`, il colore principale definito nel `primarySwatch` di `ThemeData` e il richiamo ad un widget, `CalcolaCostiScreen`, che ancora non esiste e che creeremo ora.

`CalcolaCostiScreen` dovrà contenere la casella di testo che indica quanti chilometri il nostro utente percorrerà durante il viaggio, un'altra casella con menu a discesa che indica il tipo di percorso, un pulsante per effettuare il calcolo e infine un testo, sotto al pulsante, per visualizzare la stima del costo calcolata.

Ci sono tre dati quindi, che cambiano in base alle scelte dell'utente: il numero di chilometri, il tipo di percorso e il costo del viaggio. Queste informazioni sono i dati contenuti nello State del Widget che contiene la pagina del calcolo del costo.

Quindi `CalcolaCostiScreen` sarà uno Stateful widget, anziché uno Stateless Widget.

Si crea in questo modo:

1. Nel main.dart, fuori dalla classe MyApp, digita `stful` e premi Invio.
2. Digita CalcolaCostiScreen, per modificare il nome della classe. Il risultato finale dovrebbe essere la generazione del codice riportato qui sotto:
8.

```
class CalcolaCostiScreen extends StatefulWidget {
  const CalcolaCostiScreen({super.key});

  @override
  State<CalcolaCostiScreen> createState() =>
_CalcolaCostiScreenState();
}

class _CalcolaCostiScreenState extends
State<CalcolaCostiScreen> {
  @override
  Widget build(BuildContext context) {
    return Container();
  }
}
```

Vediamo di capire quello che abbiamo creato.

Per prima cosa abbiamo creato una classe, chiamata CalcolaCostiScreen. È importante notare che questa classe estende (extends) Stateful widget. Nella prima riga:

```
class CalcolaCostiScreen extends StatefulWidget {
```

stiamo creando una classe, che si chiama `CalcolaCostiScreen`. Questa classe **eredita** da `StatefulWidget`, quindi, come abbiamo visto nel capitolo precedente, può utilizzare tutte le proprietà ed i metodi della classe StatefulWidget.

Ricorderai che uno StatelessWidget doveva fare un `override` del metodo `build()`. In uno `StatefulWidget` invece il metodo `build` non c'è: ma è disponibile il metodo `createState()`, che si deve obbligatoriamente impostare.

In pratica nella riga:

```
@override
  State<CalcolaCostiScreen> createState() =>
_CalcolaCostiScreenState();
```

Stiamo facendo un `override` del metodo `CreateState`. Utilizzando l'operatore freccia stiamo richiamando un costruttore di una classe chiamata `_CalcolaCostiScreenState`.

Nota il carattere *underscore* prima del nome della classe. Questo indica che la classe `_CalcolaCostiScreenState` non è accessibile al di fuori dal file `main.dart`.

Per cui ricorda: quando crei uno StatefulWidget devi sempre fare l'override del metodo `createState()`. Il `createState` restituisce una classe, di tipo `State`.

Nella riga:

```
class _CalcolaCostiScreenState extends
State<CalcolaCostiScreen> {
```

stiamo creando la classe `_CalcolaCostiScreenState`. Questa classe eredita dalla classe `State`, ma `State` è un generic, quindi deve specificare il nome della classe di cui rappresenta lo stato. In altri termini, stiamo dicendo che `_CalcolaCostiScreenState` non è uno State qualunque, ma è proprio lo State di `CalcolaCostiScreen`.

Da qui la sintassi diventa più familiare. Lo `State` infatti ha bisogno di sovrascrivere il metodo build() per costruire l'interfaccia grafica, esattamente come abbiamo visto per uno `Stateless` widget.

Visto che siamo nel build, invece di restituire un Container, restituiamo uno Scaffold.

Nel metodo `build()` per ora stiamo restituendo uno `Container` vuoto. Al posto del `Container`, restituiamo uno Scaffold:

```
@override
Widget build(BuildContext context) {
  return Scaffold();
}
```

All'interno dello `Scaffold` dovremo disegnare la nostra interfaccia grafica. Lo faremo nella prossima sezione.

Disegnare la UI dell'app Calcola Costi

Cominciamo a creare un'`AppBar` per la nostra schermata all'interno dello `Scaffold`:

```
appBar: AppBar(title: const Text('Calcola Costo del
Viaggio')),
```

Per disegnare l'interfaccia grafica della nostra app ci servono una serie di Widget, che andremo a sistemare sullo schermo: in particolare una casella di testo per inserire il numero di chilometri del viaggio, una casella con un menu a discesa che ci permetta di selezionare il tipo di percorso, un pulsante per fare il calcolo e il testo per mostrare il risultato del calcolo. Anche in questo caso gli elementi sono disposti verticalmente, quindi li inseriremo in una `Column`.

Cominciamo proprio dalla Column: nello `Scaffold`, sotto `appBar`, aggiungi il codice qui sotto:

```
body: Column(children: [],),
```

Questo prepara la nostra `Column` ad accogliere gli elementi figli (`children`).

Il primo elemento da inserire è una casella di testo. In Flutter il widget che disegna una casella di testo si chiama `TextField`, ed ha diverse proprietà interessanti.

All'interno dei `children` della `Column`, aggiungiamo il primo Widget:

```
TextField(
  keyboardType: TextInputType.number,
  decoration: InputDecoration(
    hintText: 'Inserisci il numero di Km'
  ),
),
```

Abbiamo impostato due proprietà del nostro `TextField`: la prima è il tipo di tastiera che compare quando l'utente preme sulla casella di testo. Visto che l'utente dovrà inserire il numero di chilometri, vogliamo che compaia direttamente il tastierino numerico. Otteniamo questo risultato specificando che il `keyboardType` (tipo di tastiera) è di tipo `TextInputType.number`.

La seconda proprietà è `decoration`, in cui possiamo impostare diverse caratteristiche di un TextField: questo accetta un oggetto di tipo `InputDecoration`, in cui abbiamo specificato un suggerimento per l'utente, che ha la caratteristica di essere visibile quando la casella è vuota. Appena l'utente dell'app scrive qualcosa all'interno della casella l'hintText scompare.

Nota che il TextField è tutto sottolineato in blu, perché Flutter vorrebbe che aggiungessimo const. In questo caso in realtà ignoreremo il suggerimento: più avanti sarà più chiaro il perché.

Se provi l'app adesso dovresti vedere una schermata simile all'immagine qui sotto:

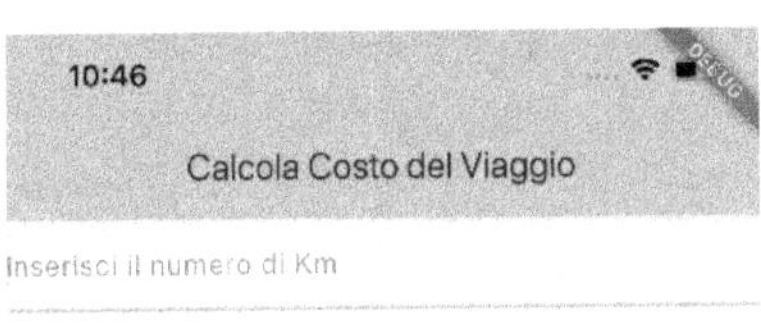

A questo punto dobbiamo aggiungere il secondo Widget all'interno della colonna.

Si tratta di una casella con un menu a discesa, che deve contenere il tipo di percorso che vogliamo fare: urbano, extraurbano, o misto. Possiamo cominciare creando la lista dei valori che verranno letti dal widget:

9. in cima alla classe `_CalcolaCostiScreenState`, prima del metodo `build()`, crea la lista `tipiPercorso`:

```
final List<String> tipiPercorso = ['Urbano',
'Extraurbano', 'Misto'];
```

Il widget che consente agli utenti di selezionare un valore da un elenco di elementi si chiama `DropdownButton`. Questo widget mostra l'elemento attualmente selezionato ed un triangolino che apre un elenco per selezionare un altro elemento.

I passaggi necessari per aggiungere `DropdownButton` sono questi:

- Creare un'istanza di `DropdownButton`, specificando il tipo di dati che verranno inclusi nell'elenco.
- Specificare la proprietà `items` che contiene l'elenco di elementi della lista. La proprietà `items` richiede un elenco di widget di tipo `DropdownMenuItem`.
- Rispondere alle azioni dell'utente specificando un evento. In genere, per `DropdownButton`, si chiama una funzione nella proprietà `onChanged`, che intercetta il momento in cui cambia la selezione di un elemento nella casella.

In pratica, per mostrare ai nostri utenti i tre tipi di percorso all'interno di una casella a discesa, aggiungi il codice qui sotto nella `Column`, dopo il `TextField`:

```
DropdownButton<String>(
  items: tipiPercorso.map((String value) {
    return DropdownMenuItem<String>(
      value: value,
      child: Text(value),
    );
  }).toList(),
  onChanged: (String? nuovoValore) {},
),
```

Nella prima riga:

```
DropdownButton<String>(
```

Stiamo creando una nuova istanza di `DropdownButton` ed in particolare un `DropdownButton` che contiene delle stringhe (i tipi di percorso sono un tipo di dato stringa).

La proprietà `items` contiene gli elementi che compongono l'elenco e qui stiamo usando un metodo molto interessante: il metodo `map()`.

Il metodo `map()` trasforma ciascun elemento contenuto in un elenco e restituisce il risultato della trasformazione in un nuovo elenco.

Quindi nel nostro esempio il metodo `map` **scorre all'interno della lista di stringhe** che contiene i tipi di percorso: ciascuno di loro contiene una stringa (`String value`). Per ciascuna `String`, restituiamo un oggetto di tipo `DropDownMenuItem`, che è il tipo di dato richiesto dalla proprietà `items`. `DropdownMenuItem` a sua volta richiede due proprietà: `value` e `child`.

Il `child` è ciò che l'utente vedrà, in questo caso, un widget di tipo `Text`. Il `value` invece è quello che si utilizza per recuperare il valore dell'elemento che l'utente seleziona all'interno dell'elenco.

Il metodo `map()` restituisce un *Iterable*, che è un insieme di valori a cui è possibile accedere in sequenza.

Ma `items` richiede una `List`, per cui trasformiamo l'`Iterable` in una `List` con il metodo `toList` ().

La seconda proprietà che abbiamo impostato, `onChanged`, è il metodo che viene richiamato quando l'utente seleziona un elemento dalla lista di valori.

Prende il `value` del `DropDownMenuItem`, in questo caso una stringa che chiamiamo `nuovoValore`.

10. Ora esegui l'app.

Noterai che è comparsa la casella con il menu a discesa, e premendo il triangolino a destra compaiono correttamente i valori del tipo di percorso. Quando selezioni un elemento tuttavia non succede nulla. Questo perché abbiamo lasciato vuoto il metodo **onChanged**. Prima di correggere questo problema, completiamo l'interfaccia grafica.

11. Sotto al `DropdownButton`, aggiungi gli ultimi due widget della colonna: un pulsante (`ElevatedButton`) per fare il calcolo, e un `Text`, per ora vuoto, che conterrà il risultato:

```
ElevatedButton (
  child: const Text('Calcola Costo'),
    onPressed: (){},
  ),
Text(''),
```

L' `ElevatedButton` ha per child un `Text`, con la scritta "Calcola Costo". Per ora nella proprietà `onPressed` abbiamo semplicemente messo un metodo vuoto.

Sotto all' `ElevatedButton` abbiamo inserito un `Text`, con una stringa vuota. Questa è la situazione inziale, in cui ancora non c'è nessun risultato da mostrare, ma quando il nostro utente inserirà i dati richiesti e premerà il pulsante, qui dovrà comparire la stima del costo del viaggio.

Ora i widget ci sono tutti: per completare l'interfaccia grafica non ci rimane che gestire un po' meglio lo spazio.

Gestire lo spazio: resizeToAvoidBottomInset, Padding e Spacer

Se provi a girare il tuo dispositivo orizzontalmente potresti notare il problema dello spazio che abbiamo incontrato anche nel capitolo precedente, quando la tastiera virtuale compare sullo schermo. Allora, visto che hai sicuramente ottima memoria, potresti dirmi che la soluzione già la conosci: basta includere la `Column` in un `SingleChildScrollView` e il gioco è fatto.

E' vero, ma non useremo il `SingleChildScrollView` in questo caso, per due motivi. Il primo è che già lo conosci ed il secondo è che `SingleChildScrollView` ha dimensioni infinite. Questo comporta alcune limitazioni: ad esempio quando usi un contenitore con dimensioni infinite non puoi mettere al suo interno widget con dimensioni relative.

La soluzione che propongo in questo caso è di utilizzare una proprietà dello `Scaffold` che si chiama `resizeToAvoidBottomInset`. Questa proprietà accetta un valore booleano e quando è `true` prova a ridimensionare lo schermo in modo da evitare che la tastiera copra i widget del contenuto. In questo caso però è proprio questo ridimensionamento a causare il problema, quindi:

1. All'interno dello Scaffold imposta la proprietà `resizeToAvoidBottomInset` in questo modo:

```
resizeToAvoidBottomInset: false,
```

2. Manda in esecuzione l'app.

Dovresti notare che il problema dello spazio è stato risolto.

Un punto di attenzione: questa non è una soluzione sempre praticabile, perché spesso nascondere i widget sotto la tastiera non è opportuno. In questo caso, visto che abbiamo una sola casella di testo, una scelta del genere può funzionare.

E parlando di booleani, avrai sicuramente notato la banda rossa in alto a destra sullo schermo dell'app, con la scritta `DEBUG`: serve ad indicare che sei in modalità di sviluppo, in cui le prestazioni dell'app sono inferiori alla versione definitiva. E' possibile rimuovere questa indicazione, anche perché non credo che dimenticheremo che stiamo ancora sviluppando.

1. Per farlo aggiungi, all'interno di `MaterialApp`:

```
debugShowCheckedModeBanner: false,
```

e finalmente il fastidioso fiocchetto rosso scompare!

Ora proviamo a migliorare la gestione dello spazio. Per cominciare, vogliamo evitare che i widget stiano attaccati al bordo dello schermo.

In Flutter, ma lo stesso è vero anche per la creazione di interfacce web, puoi gestire lo spazio

tra gli elementi attraverso le proprietà di `margin` e `padding`. Il `padding` è lo spazio tra il

contenuto e il bordo di un widget (che non sempre è visibile). Il margine è lo spazio al di fuori del bordo, come mostrato nell'immagine qui sotto:

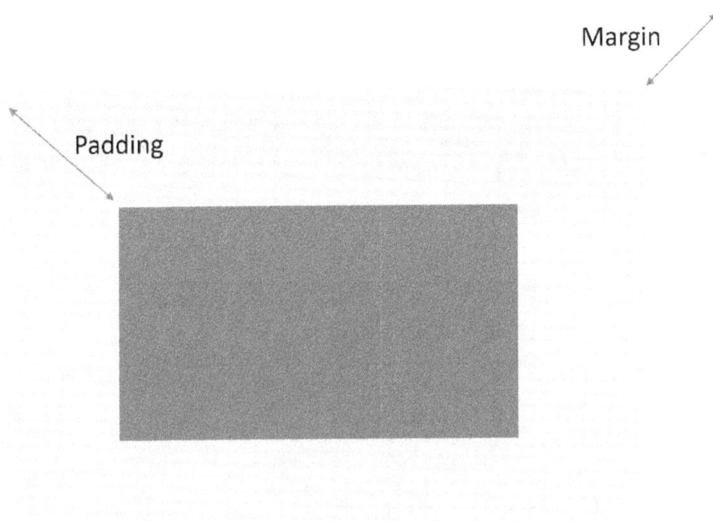

In Flutter esiste un widget che si chiama `Padding` che serve proprio a distanziare il suo contenuto dal resto degli elementi nello schermo. Nella sua proprietà `padding` accetta un valore di tipo `EdgeInsets`, che specifica quali lati dello spazio utilizzare:

Il costruttore `EdgeInsets.all` crea un distanziamento su tutti e quattro i lati di un rettangolo: in alto, a destra, in basso e a sinistra.

1. Quindi per creare un po' di spazio tra gli elementi della nostra interfaccia e il bordo del dispositivo, includi la `Column` in un `Padding`, specificando un `EdgeInsets.all` con valore 20, come mostrato qui sotto:

```
child: Padding(
  padding: const EdgeInsets.all(20.0),
  child: Column(
```

Se tutto funziona correttamente, vedrai un po' di spazio, tra la casella di testo del numero di chilometri e i bordi del dispositivo, in modo simile all'immagine qui sotto:

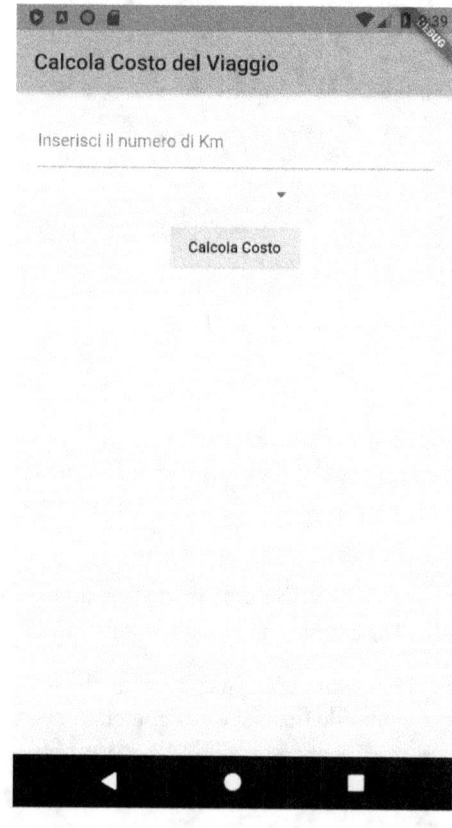

Nel capitolo precedente abbiamo creato lo spazio tra gli elementi utilizzando un `Container`. Stavolta invece utilizzeremo un altro sistema, che sfrutterà tutto lo spazio disponibile nella finestra. Si tratta di `Spacer`.

`Spacer` è un widget che crea uno spazio all'interno di una `Column` (o `Row`, o `Flex`) fino a riempire tutto lo spazio disponibile lungo l'asse principale (ad esempio, verticalmente per una `Column`). Se inserisci più `Spacer` all'interno di una Column, lo spazio disponibile viene diviso tra loro in base alla proprietà *flex*.

2. Aggiungi uno `Spacer` sotto il `TextField`, appena prima del `DropdownButton`, semplicemente creando il widget, senza nessuna proprietà:

```
const Spacer(),
```

3. Poi ripeti inserendo uno `Spacer` prima e dopo l'`ElevatedButton`, stavolta raddoppiando lo spazio con la proprietà `flex`:

```
const Spacer(flex: 2,),
```

Riepilogando: `Spacer` crea uno spazio nella `Column`, utilizzando tutto lo spazio disponibile. Quando inserisci più di uno `Spacer` all'interno della `Column`, lo spazio viene diviso in parti uguali, a meno che non usi `flex`: il valore predefinito di `flex` è 1, ma se metti 2, o 3, lo `Spacer` occuperà il doppio o il triplo di uno `Spacer` con `flex` pari ad 1.

Per concludere la nostra interfaccia, aggiungiamo uno stile ai testi e al buttone.

4. Sull'AppBar, cambia il colore del testo in bianco:

```
  appBar: AppBar(title: const
Text('Calcola Costo del Viaggio',
   style:  TextStyle(
     color: Colors.white
   ),
)),
```

Nel TextField, aggiungiamo uno stile al testo del contenuto, in modo da avere un carattere di dimensione 20 ed un colore grigio scuro. In Flutter puoi decidere quanto chiaro o scuro è un colore aggiungendo tra paretesi quadre un valore compreso tra 100 e 900 (più il 50): maggiore il numero che scegli, più scura sarà la sfumatura di colore. Quindi specificare 900 per il `Colors.grey`, indicherà il grigio più scuro disponibile tra le sfumature di grigio disponibili (che sono una decina, non 50 come nel noto film).

Possiamo anche impostare uno stile per `l'hintText`: in questo caso solo la dimensione del carattere, che portiamo a 18.

5. Aggiungi il codice sotto per modificare lo stile del TextField:

```
TextField(
  keyboardType: TextInputType.number,
  style: TextStyle(
    fontSize: 20,
    color: Colors.grey[800],
  ),
  decoration: const InputDecoration(
    hintText: 'Inserisci il numero di Km',
    hintStyle: TextStyle(
       fontSize: 18,
   )),
```

6. Per quanto riguarda il `DropdownButton`, modifica lo stile del `Text` dei `DropDownMenuItem`, mettendo dimensione 20 e colore grigio scuro:

```
child: Text(
  value,
  style: TextStyle(
    fontSize: 20,
    color: Colors.grey[800],
  ),
),
```

7. Per il pulsante, per il testo seleziona un colore bianco; per la dimensione anche in questo 20:

```
ElevatedButton(
  child: const Text(
    'Calcola Costo',
    style: TextStyle(
      color: Colors.white,
      fontSize: 20
    )),
   onPressed: () {},
),
```

8. Per il risultato, specifica che la dimensione del testo sarà 24 (molto ben visibile) e il colore ancora grigio scuro.

```
Text('',
  style: TextStyle(
    fontSize: 24,
    color: Colors.grey[800],
```

```
    ),
  ),
```

A questo punto l'interfaccia grafica della nostra app è pronta! Non ci resta che aggiungere la logica!

Aggiornare lo State

Come ricorderai, la differenza principale tra uno Stateful Widget e uno Stateless widget è la gestione dello `State` (stato): lo stato è l'insieme di informazioni che può cambiare durante il ciclo di vita di un Widget.

Quali sono le informazioni che possono cambiare durante il ciclo di vita della nostra app di calcolo dei costi di un viaggio?

Il numero di chilometri, il tipo di percorso e il messaggio con la stima del costo del viaggio che mostreremo all'utente. Queste sono le informazioni di stato che la nostra app deve mantenere per poter essere funzionale.

Nota bene: in Flutter ci sono diversi modi di gestire lo stato dell'app. Utilizzare uno Stateful widget è il modo più semplice, ma nei capitoli successivi vedremo delle alternative più avanzate.

Il primo passo da fare quando vuoi gestire lo `State` in uno Stateful Widget è dichiarare, a livello di classe, le variabili che compongono lo `State`: nel nostro caso dichiareremo una stringa per il tipo di percorso ed un'altra stringa per il messaggio di mostrare all'utente. Il numero di chilometri lo gestiremo diversamente tra un momento.

1. In cima alla classe `_CalcolaCostiScreenState` aggiungi due variabili di tipo String, come indicato nel codice qui sotto:

```
String tipoPercorso = 'Urbano';
String messaggio = '';
```

A questo punto vogliamo leggere il contenuto della casella di testo dei chilometri.

Uno dei modi più efficaci per leggere e scrivere il contenuto di un `TextField` in Flutter è associare al `TextField` un oggetto di tipo `TextEditingController`: quest'oggetto contiene una proprietà `text`, che cambia ogni volta che l'utente modifica il contenuto di un `TextField`. Allo stesso modo, cambiando a livello di codice il `value` di un controller aggiornerà il contenuto del `TextField` associato.

Competiamo i passaggi per utilizzare un `TextEditingController`:

2. Per prima cosa, sotto le variabili dello stato, dichiara un'istanza di `TextEditingController`, come sotto:

```
final TextEditingController chilometriController = Tex
tEditingController();
```

`final` indica che il controller non può cambiare durante il ciclo di vita della classe dove è dichiarato (ma le sue proprietà possono cambiare).

3. Assegna al `TextField` il controller: il nostro `TextField` nel metodo `build()` quindi diventa:

```
TextField(
 controller: chilometriController,
  keyboardType: TextInputType.number,
  style: TextStyle(
    fontSize: 20,
    color: Colors.grey[800],
),
```

A questo punto dovremo leggere il contenuto del `TextField`: lo faremo alla pressione del pulsante `Calcola`. Per ora scriveremo il valore semplicemente nella **Debug Console**, per controllare che tutto funzioni correttamente.

4. Nella proprietà `onPressed` del `RaisedButton`, aggiungi l'istruzione per scrivere il valore del controller:

```
onPressed: () {
  print('Chilometri ' + chilometriController.text);
},
```

5. Esegui l'app e metti nella casella dei chilometri un numero, ad esempio 200, poi premi il pulsante Calcola.

Nella Console di Debug dovresti vedere una riga con il numero dei chilometri, come illustrato qui sotto:

PROBLEMS OUTPUT TERMINAL DEBUG CONSOLE

```
Chilometri 200
```

Questo vuol dire che riusciamo a leggere il contenuto della casella di testo!

Ora possiamo occuparci del tipo di percorso. In questo momento quando clicchiamo sul menu a tendina, compaiono le tre scelte che abbiamo impostato, ma quando selezioniamo una delle scelte non succede nulla. Il risultato che vogliamo ottenere è che l'opzione, una volta selezionata, rimanga visibile all'interno della casella. Potremo ottenere questo risultato aggiornando lo `State`.

6. Modifica il `DropdownButton` in questo modo:

```
DropdownButton<String>(
  value: tipoPercorso,
  items: tipiPercorso.map((String value) {
    return DropdownMenuItem<String>(
      value: value,
      child: Text(
        value,
        style: TextStyle(
          fontSize: 20,
          color: Colors.grey[800],
        ),
      ),
    );
}).toList(),
  onChanged: (String? nuovoValore) {
    setState(() {
      tipoPercorso = nuovoValore ?? 'Urbano';
    });
  },
),
```

In un `DropdownButton`, il `value` è il valore visibile all'interno della casella: dicendo che `value` è uguale a `tipoPercorso`, stiamo facendo in modo di associare al `DropdownButton` una delle informazioni disponibili nello stato. **Quando lo stato cambia, cambia anche il valore della casella.**

Nell'**onChanged** invece stiamo creando una funzione che aggiorna lo stato del widget. Per aggiornare lo stato, è necessario chiamare il metodo `setState` (). Il metodo `setState` () indica al framework che lo stato di un oggetto è cambiato e quindi l'interfaccia utente deve essere aggiornata.

All'interno del metodo `setState ()`, si modificano i membri della classe che è necessario aggiornare: in questo caso stiamo aggiornando la variabile `tipoPercorso` in modo da prendere `nuovoValore`, che è il `value` dell'opzione selezionata dal menu a tendina, oppure 'Urbano' se nulla è stato selezionato.

Ora siamo pronti a fare il calcolo.

Potremmo farlo direttamente all'interno di `onPressed` del `RaisedButton`, ma è sempre una buona idea, per quanto possibile, avere un codice modulare. In questo caso quindi creeremo una funzione che si chiama `calcolaCosto`, che gestirà direttamente il calcolo e il messaggio all'utente.

7. In fondo alla classe `_CalcolaCostiScreenState`, aggiungi un nuovo metodo, che non restituisce nulla e si chiama `calcolaCosto`, come illustrato sotto:

```
void calcolaCosto() {
}
```

8. All'interno di `calcolaCosto`, imposta alcuni valori iniziali: un litro di benzina, nel momento in cui scrivo, costa circa 1.7 euro, quindi crea una costante chiamata `costoCarburante`:

```
const costoCarburante = 1.7;
```

9. Sotto `costoCarburante` crea una variabile, di tipo `double`, che legge il contenuto di `chilometriController`. Siccome la proprietà `text` di un `TextEditingController` è di tipo stringa,

chiamiamo `double.tryParse`, che prova a trasformare la stringa in un numero. Se ci riesce, restituisce il numero, altrimenti restituisce `null` (un valore nullo): in questo caso, numeroChilometri riceverà direttamente il valore 0.

```
double numeroChilometri = double.tryParse(chilometriCo
ntroller.text ?? 0);
```

10. Sotto `numeroChilometri`, crea altre due variabili di tipo `double`, inizializzandole a 0. Una conterrà il numero di chilometri percorsi per ciascuna unità di carburante (per esempio il numero di chilometri per litro di benzina, o per kilowatt di elettricità, o per litro di GPL) e per tipo di percorso: la chiameremo `kmTipoPercorso`. L'altra sarà il costo stimato per il viaggio e la chiameremo semplicemente `costo`.

```
double kmTipoPercorso = 0;
double costo = 0;
```

11. Ora siamo pronti per il calcolo vero e proprio. Sotto le dichiarazioni scrivi:

```
if (tipoPercorso == tipiPercorso[0]) {
  kmTipoPercorso = 14;
} else if (tipoPercorso == tipiPercorso[1]) {
  kmTipoPercorso = 18;
}
else {
  kmTipoPercorso = 16;
}
```

```
costo = numeroChilometri * costoCarburante / kmTipoPer
corso;
```

Stiamo impostando un `if` che imposta il numero di chilometri per unità di carburante in base al tipo di percorso. Arbitrariamente, stiamo dicendo che la nostra auto percorre 14 km con un litro in città, 18 per i percorsi extraurbani e un salomonico 16 per i percorsi misti. Chiaramente qui inserisci dati che siano validi per il tuo mezzo. Invece di usare "Urbano", "extraurbano" ecc., per evitare di confondersi con le varie iniziali maiuscole o minuscole, stiamo usando direttamente i **valori** della lista, alla posizione 0 (cioè il primo valore, urbano), e 1 (extraurbano).

Infine, calcoliamo il costo del viaggio, cioè il numero di chilometri da percorrere, moltiplicato per il costo del carburante e diviso per il numero di chilometri per unità.

Ora dobbiamo aggiornare lo stato del widget per visualizzare il risultato, e come ormai sai, per farlo è necessario chiamare il metodo setState():

12. Aggiungi il codice qui sotto:

```
 setState(() {
      messaggio = 'Il costo previsto per il tuo
viaggio è di € ${costo.toString()}';
    });
```

A questo punto l'utente non può vedere il messaggio con la stima del costo, perché il messaggio non viene visualizzato da nessuna parte.

Come ricorderai, abbiamo impostato un widget di tipo `Text`, per contenere il messaggio: basterà quindi sostituire la stringa vuota del suo contenuto con la variabile di stato `messaggio`.

13. Aggiorna l'ultimo Text della Column come specificato sotto:

```
Text(messaggio,
  style: TextStyle(
    fontSize: 24,
    color: Colors.grey[800],
  ),
),
```

Aggiorniamo anche il valore del DropDownButton in modo da mantenere il valore selezionato dall'utente, impostando la proprietà value:

```
return DropdownMenuItem<String>(

  value: value,
```

Infine, nel metodo onPressed dell'ElevatedButton, elimina il print dei chilometri e aggiungi la chiamata al metodo calcolaCosto:

```
onPressed: () {

  calcolaCosto();

},
```

14. Prova l'app adesso: inserendo il numero di chilometri ed il tipo di percorso.

Finalmente puoi ottenere una stima del costo del viaggio!

Complimenti, hai appena creato la tua prima app interattiva con Flutter! Rut Flet non vede l'ora di utilizzarla.

Riepilogo

Il grande protagonista di questo capitolo è stato lo **`Stateful Widget`**, con annessa gestione del suo **`State`**. Questo è il più semplice dei modi con cui Flutter gestisce i dati che modificano l'interfaccia grafica all'interno di un'app.

Hai visto come per aggiornare lo stato di un widget occorre richiamare il metodo `setState()` e al suo interno impostare il nuovo valore delle variabili di stato.

Hai visto due importantissimi widget per la gestione dell'input dell'utente:

- Il `TextField`, che permette all'utente di inserire del testo, e il `TextEditingController` che ti permette di leggere e scrivere programmaticamente i valori all'interno del `TextField` associato.
- Il `DropdownButton`, che permette all'utente di selezionare un valore da una lista di `DropdownMenuItem`.

Inoltre, hai visto come gestire lo spazio con il `Padding` e con lo `Spacer`.

In particolare, abbiamo sfruttato la proprietà `flex` dello `Spacer` per gestire lo spazio all'interno di una `Column` in modo relativo, facendo in modo che la dimensione dello `Spacer` dipenda dallo spazio disponibile sullo schermo.

A questo punto siamo pronti per fare un altro salto: nel prossimo capitolo vedrai come connetterti ad un servizio web e visualizzare i risultati nelle finestre dell'utente!

Capitolo 4: Creare un'App sempre Connessa

Tra i tanti interessi della nostra amica Rut Flet, c'è quello della lettura. Dal momento che è rimasta contenta e soddisfatta delle nostre ultime due app, ci ha chiesto un nuovo lavoro: creare un'app che le permetta di cercare libri ovunque si trovi ed ottenere immediatamente informazioni su titolo, autori e trama in modo semplice e veloce.

Il codice completo di questo capitolo è disponibile su Github, all'indirizzo: https://github.com/simoales/crea_app_con_flutter

Con questa app farai un bel salto di qualità nelle tue conoscenze di Flutter: la possibilità di collegarsi ad un servizio esterno per generare contenuti visibili ai tuoi utenti apre un mondo di possibilità.

La maggior parte delle app che usi tutti i giorni in effetti si collegano a servizi esterni: pensa alle app che permettono di inviare e ricevere messaggi, controllare il conto in banca, verificare i tempi di attesa di un mezzo alla fermata, noleggiare un'auto o uno scooter, o inviare una foto ai tuoi amici.

Tutte queste app condividono la caratteristica fondamentale di collegarsi ad un servizio web esterno, e leggere e scrivere dati da e per questi servizi.

Ciò che accade è che un'app **client** si connette a un servizio Web, anche chiamato Web API, effettua una richiesta (*Request*) e il servizio Web risponde inviando i dati all'app, che a sua volta potrà gestirli e mostrarli all'utente. Questo modello, una delle tante varianti dell'architettura client / server, non è una certamente una novità, ma è estremamente comune quando si progettano app.

Nel progetto proposto in questo capitolo ci collegheremo ad un servizio esterno, Google Books, per ottenere informazioni sui libri presenti nel servizio.

All'inizio l'app mostra dei libri, ma è possibile cercare nell'app qualunque titolo, per esempio Flutter: verranno mostrati i libri che rispondono a quella ricerca, come illustrato qui sotto:

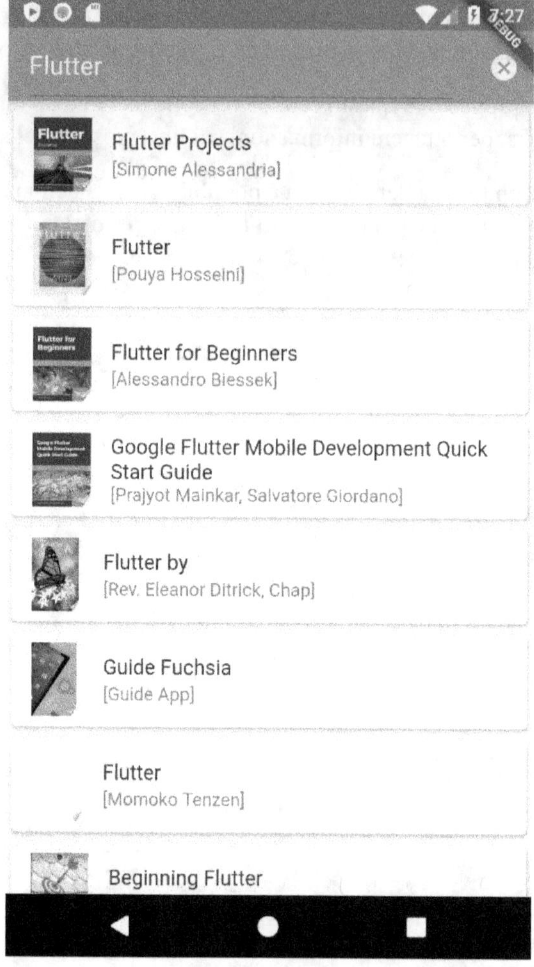

Quando premi una delle schede del risultato entrerai nel dettaglio del libro, che contiene informazioni aggiuntive come la descrizione e l'editore:

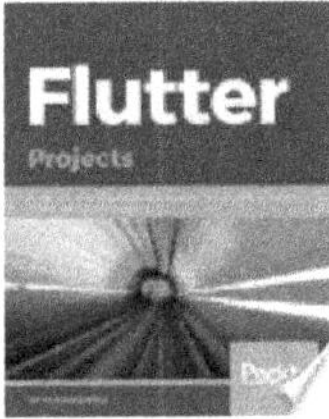

Scritto da: [Simone Alessandria]

Editore: Packt Publishing Ltd

Learn Flutter and the Dart programming language by building impressive real-world mobile applications for Android and iOS Key Features Learn cross-platform mobile development with Flutter and Dart by building 11 real-world apps Create wide array of mobile projects such as 2D game, productivity timer, movie browsing app, and more Practical projects demonstrating Flutter development techniques with tips, tricks, and best practices Book Description Flutter is a modern reactive mobile framework that removes a lot of the complexity found in building native mobile apps for iOS and Android. With Flutter, developers can now build fast and native mobile apps from a single codebase. This book is packed with 11 projects that will help you build your own mobile applications using Flutter. It begins with an introduction to Dart programming and explains how it can be used with the Flutter SDK to customize mobile apps. Each chapter contains instructions on how to build an independent app from scratch, and each project focuses on important Flutter features.From building

In questo modo, con relativamente poche righe di codice, creerai un'app sempre aggiornata, con contenuti nuovi e interessanti per l'utente.

Ecco gli argomenti principali che vedremo in questo capitolo:

- Collegarsi ad una Web API
- Utilizzare il pacchetto HTTP per recuperare i dati da un servizio Web
- Utilizzare la programmazione asincrona in Dart
- Trasformare il JSON ricevuto in oggetti Dart
- Creare una ListView per mostrare i dati all'utente
- Navigare verso una nuova schermata con Navigator

Utilizzare l'API di Google Books

L'acronimo API sta per Application Programming Interface, che potremmo tradurre con "Interfaccia di Programmazione di un'Applicazione". Per dirla semplicemente, si tratta di un di una serie di funzioni che permettono agli sviluppatori di accedere a dati o azioni di un programma o in generale qualunque servizio software. Una **Web API** quindi è un'interfaccia di un software, a cui si accede attraverso il Web, utilizzando il protocollo HTTP.

Ci sono diverse Web API accessibili pubblicamente. Una delle più interessanti è probabilmente **Google Books**: si tratta di un servizio incredibile, il cui scopo è quello di condividere informazioni sulla maggior parte dei libri pubblicati, ovunque nel mondo.

Si tratta letteralmente di milioni di libri.

In genere le web api trasmettono i dati in formati che non sono esattamente piacevoli da leggere per gli esseri umani: **XML** o **JSON**. Sono entrambi formati testo, abbastanza simili per funzionalità, pensati per favorire lo scambio di dati tra applicazioni.

La maggior parte dei servizi web oggi tende a preferire il formato **JSON**, perché è più compatto, ma ci sono diverse eccezioni: ad esempio la fatturazione elettronica in Italia utilizza il formato **XML** per lo scambio di dati.

Nel diagramma sotto puoi vedere un esempio dei due formati:

JSON

```
{
  "titolo" : "Oceano Mare",
  "anno": 1993,
  "genere": "Narrativa",
  "autori": ["Alessandro Baricco"]
}
```

XML

```
<libro>
  <titolo> Oceano Mare </titolo>
  <anno> 1993 </anno>
  <genere> Narrativa </genere>
  <autori>
    <autore>
      Alessandro Baricco
    </autore>
  </autori>
</libro>
```

In particolare, il servizio che utilizzeremo per il nostro progetto, Google Books, utilizza il formato JSON ed è raggiungibile attraverso un URL (universal resource locator), o indirizzo, composto da una parte fissa ed una parte variabile.

La parte fissa contiene lo schema, il nome di dominio, il nome del servizio e la versione ed è:

```
https://www.googleapis.com/books/v1/
```

La parte variabile invece dipende da cosa vogliamo ottenere dal servizio. Ad esempio, se vogliamo cercare il libro "Oceano Mare", dobbiamo aggiungere all'URL le informazioni necessarie al servizio per poterci restituire dei risultati utili. In particolare

```
volume?q=oceano mare
```

L'URL completo quindi diventa https://www.googleapis.com/books/v1/volumes?q=oceano%20mare.

Se inserisci questo URL in un browser, vedrai che effettivamente ci stiamo connettendo all'API di Google Books e stiamo ricevendo dati in formato JSON.

Qui puoi vedere uno screenshot del risultato ottenuto:

```
{
 "kind": "books#volumes",
 "totalItems": 1877,
 "items": [
  {
   "kind": "books#volume",
   "id": "b2gHDgAAQBAJ",
   "etag": "/6zrCdrRIh4",
   "selfLink": "https://www.googleapis.com/books/v1/volumes/b2gHDgAAQBAJ",
   "volumeInfo": {
    "title": "Oceano mare",
    "authors": [
     "Alessandro Baricco"
    ],
    "publisher": "Feltrinelli Editore",
    "publishedDate": "2013-06-19T00:00:00+02:00",
    "description": "Oceano mare racconta del naufragio di una fregata della marina francese, molto tempo fa, in un oceano. Gli uomini a bordo cercheranno di salversi su una
zattera. Sul mare si incontreranno le vicende di strani personaggi. Come il professore Bartleboom che cerca di stabilire dove finisce il mare, o il pittore Plasson che dipinge
solo con acqua marina, e tanti altri individui in cerca di sé, sospesi sul bordo dell'oceano, col destino segnato dal mare. E sul mare si affaccia anche la locanda Almayer,
dove le tante storie confluiscono. Usando il mare come metafora esistenziale, Baricco narra dei suoi surreali personaggi, spaziando in vari registri stilistici, con una
scrittura suggestiva, immaginifica e musicale."Sabbia a perdita d'occhio, tra le ultime colline e il mare - il mare - nell'aria fredda di un pomeriggio quasi passato, e
benedetto dal vento che sempre soffia da nord. La spiaggia. E il mare.Potrebbe essere la perfezione - immagine per occhi divini - mondo che accade e basta, il muto esistere di
acqua e terra, opera finita ed esatta, verità - verità - ma ancora una volta è il salvifico granello dell'uomo che inceppa il meccanismo di quel paradiso, un'inezia che basta
da sola a sospendere tutto il grande apparato di inesorabile verità, una cosa da nulla, ma piantata nella sabbia, impercettibile strappo nella superficie di quella santa
icona, minuscola eccezione posatasi sulla perfezione della sabbia sterminata."",
    "industryIdentifiers": [
     {
      "type": "ISBN_13",
      "identifier": "9788858828735"
     },
     {
      "type": "ISBN_10",
      "identifier": "8858828755"
     }
    ],
    "readingModes": {
     "text": true,
     "image": true
    },
    "pageCount": 224,
    "printType": "BOOK",
```

Dalla nostra app quindi dovremo connetterci a Google Books, leggere i dati restituiti dal servizio, selezionare quello che vogliamo mostrare all'utente, trasformare il JSON in un formato utilizzabile all'interno del nostro progetto e permettere all'utente di modificare i dati cercando titoli tramite una casella di testo.

Cominciamo con la lettura dei dati dal servizio.

Aggiungere il pacchetto http nel progetto

Una delle caratteristiche più utili di Flutter sono i pacchetti (*packages*): si tratta di contenitori di codice creati per fornire delle funzionalità alla tua app. In questo modo puoi utilizzare codice scritto da altri e includerlo facilmente all'interno dei tuoi progetti. Il primo pacchetto che utilizzeremo è `http`, che permette di comporre richieste http.

1. Crea una nuova app: puoi utilizzare i passaggi descritti nel *Capitolo 3: Creare un'app interattiva*, per creare una nuova app direttamente da Visual Studio Code.
2. Per il nome, chiama questa app semplicemente "libri".

Includere un pacchetto all'interno del tuo progetto è molto semplice ed i passaggi richiesti normalmente sono:

- Trovare il pacchetto adatto alla funzione che vuoi aggiungere
- Aggiungere il pacchetto all'app
- Utilizzare il pacchetto nel tuo codice

I pacchetti per Flutter si trovano all'indirizzo: https://pub.dev/. Questo è l'archivio dove vengono pubblicati tutti i pacchetti che puoi integrare nelle tue app, ma è anche il luogo dove potrai pubblicare i tuoi pacchetti quando vorrai contribuire alla comunità di sviluppatori di Flutter.

Nella casella di ricerca in alto puoi cercare il pacchetto che ti serve. Per esempio, se scrivi nella casella "http", ottieni una serie di risultati ordinati per rilevanza.

Noterai che a destra delle righe dei risultati c'è un cerchio con un numero, che rappresenta il *punteggio* del pacchetto, che è un misto di quanto il pacchetto è utilizzato, qual è il suo stato di salute e quanto viene manutenuto. 140 è il valore più alto e sostanzialmente indica che è popolare e affidabile.

Quindi i pacchetti si trovano semplicemente facendo una ricerca nel sito ***pub.dev***. Una volta trovati dobbiamo includerli nella nostra app.

Ogni pacchetto ha una pagina dedicata alla sua installazione, che puoi raggiungere cliccando `Installing`. Qui uno dei modi possibili di aggiungere il pacchetto è copiare la stringa sotto "`dependencies`".

Ogni progetto in Flutter contiene un file chiamato `pubspec.yaml` nella cartella principale del progetto. Qui è dove si specificano tutte le "dipendenze", ovvero tutte le librerie e i pacchetti che sono richiesti dalla tua app.

In questo file c'è appunto una sezione che si chiama `dependencies`, dove dovremo incollare la stringa che abbiamo copiato dalla pagina del pacchetto.

Tutte le dipendenze DEVONO essere indentate come la dipendenza flutter, perché il file `pubspec.yaml` è scritto in un linguaggio che si chiama YAML, che usa l'indentazione per rappresentare le gerarchie e i livelli.

3. Aggiungi la dipendenza ad `http` nel progetto incollando la stringa che hai copiato prima nel nostro `pubspec.yaml`. Un esempio con la versione aggiornata alla data di scrittura di questo libro è mostrata qui sotto:
4.

```
dependencies:
  flutter:
    sdk: flutter
  http: ^0.13.5
```

5.

Visual Studio Code scaricherà automaticamente i file richiesti per utilizzare `http`.

A questo punto abbiamo trovato il pacchetto e lo abbiamo incluso nel nostro progetto. Non ci rimane che utilizzarlo.

Per ora lo faremo direttamente nel `main.dart`.

6. Cancella il contenuto dell'app di prova, lasciando solo l'import, il metodo `main` e la classe `MyApp`.
7. Nella `home` di `MaterialApp` richiama la classe che creeremo, che si chiamerà `LibriScreen`. Il risultato finale è indicato qui sotto:
8.

```
import 'package:flutter/material.dart';

void main() {
  runApp(const MyApp());
}

class MyApp extends StatelessWidget {
  const MyApp({super.key});

  @override
```

```
  Widget build(BuildContext context) {
    return MaterialApp(
      title: 'Libri',
      theme: ThemeData(
        primarySwatch: Colors.blue,
      ),
      home: const LibriScreen(),
    );
  }
}
```

Sotto alla classe `MyApp` crea uno `StatefulWidget`, chiamato `LibriScreen`. Se usi Visual Studio Code o Android Studio, puoi utilizzare una scorciatoia per fare in modo che il codice di base di uno Stateful widget venga creato automaticamente. Basta digitare `stful` e specificare il nome del widget, in questo caso `LibriScreen`: il codice generato dovrebbe essere quello specificato qui sotto:

```
class LibriScreen extends StatefulWidget {
  const LibriScreen({super.key});

  @override
  State<LibriScreen> createState() =>
_LibriScreenState();
}

class _LibriScreenState extends State<LibriScreen> {
  @override
  Widget build(BuildContext context) {
    return Container();
  }
```

```
}
```

9. Dentro la classe `_LibriScreenState` aggiungi una variabile di tipo `String` che inizialmente sarà vuota:

```
String risultato = '';
```

In questa prima fase vogliamo collegarci al servizio di Google Books e scaricare il risultato di una connessione. Per ora ci limiteremo a visualizzare il risultato esattamente come viene consegnato, ci occuperemo più avanti di renderlo più leggibile all'utente.

Per poter utilizzare il pacchetto `http` occorre importarlo in cima al file dove lo vogliamo utilizzare, esattamente come `material.dart`.

10. Sotto l'import del material.dart, scrivi il codice qui sotto:

```
import 'package:http/http.dart' as http;
```

Con questa istruzione stiamo importando il pacchetto `http.dart`. Per utilizzarlo all'interno del nostro codice lo richiameremo come (`as`) `http`.

Il prossimo passaggio sarà scrivere un metodo che ci permetta di recuperare i dati dal servizio web e visualizzarli all'interno della nostra app.

Utilizzare http.get e then:

A questo punto, prima di scrivere il codice, ci serve un po' di teoria, perché dobbiamo introdurre il concetto di **programmazione asincrona** in Flutter.

Finora abbiamo sempre eseguito il codice **in sequenza, una riga dopo l'altra**. Per esempio se scriviamo:

```
int a = 10;
int b = a * 2;
```

Ci aspettiamo che il valore di b sia uguale a 20, perché la riga `int a = 10;` viene eseguita **prima** della riga successiva: in altri termini la seconda riga attende che la prima istruzione abbia concluso la sua esecuzione **prima** di essere eseguita.

Nella maggior parte dei casi questo sistema funziona perfettamente. Ci sono alcuni casi, specialmente quando ci sono operazioni di lunga durata, in cui questo comportamento non è praticabile: in particolare, se un'istruzione impiega molto tempo ad essere eseguita, un'app viene bloccata fino al suo completamento.

Partiamo da un esempio concreto.

Una piccola precisazione: sto cercando di semplificare al massimo, quindi nell'esempio che segue ci sono alcune omissioni. Il ragionamento generale è comunque corretto.

Il paradosso della tintoria sincrona

Diciamo che vuoi servirti di una tintoria per stirare le tue camicie.

La tintoria sincrona è una tintoria particolare: c'è un solo addetto, che accetta un capo alla volta e lo stira immediatamente, impiegando 5 minuti. Appena stirato, lo riconsegna al cliente.

Vediamo come funziona la nostra tintoria sincrona:

1. Entri nel negozio;
2. Vai al bancone della tintoria, con sette camicie;
3. Consegni la prima camicia all'addetto;
4. L'addetto va nel retro del negozio e stira la prima camicia;
5. Entrano nel negozio altri due clienti che si mettono in fila dietro di te;
6. L'addetto, dopo 5 minuti, torna con la prima camicia stirata;
7. Consegni la tua seconda camicia all'addetto;
8. L'addetto va nel retro del negozio e stira la seconda camicia;
9. Entrano altri 3 clienti, che si mettono educatamente in fila dietro i primi due;

10. Dopo 5 minuti, l'addetto torna... ecc.

E il ciclo continua fino alla tua settima camicia.

È evidente che una tintoria di questo tipo avrà vita breve visto che i clienti, costretti ad aspettare ore prima di essere serviti, dopo poco tempo sceglieranno un altro negozio, che è il concorrente: la tintoria asincrona.

L'efficiente tintoria asincrona

La tintoria sincrona è un po' più organizzata: ci sono due addetti. Un addetto prende e riconsegna le camicie, mentre l'altro le stira sul retro del negozio.

Funziona in questo modo:

1. Entri nel negozio;
2. Vai al bancone della tintoria, con le tue sette camicie;
3. Consegni tutte le camicie all'addetto principale;
4. L'addetto principale porta le tue camicie al secondo addetto sul retro. Ti consegna immediatamente una ricevuta, con la **promessa** di riconsegnarti le camice dopo qualche tempo e di avvisarti con un messaggio appena sono pronte;
5. Tu esci dal negozio con la ricevuta e continui normalmente le tue attività;
6. Entrano gli altri clienti, che allo stesso modo escono immediatamente con la loro ricevuta;
7. Nel corso della giornata ricevi il messaggio che le tue camicie sono pronte e vai a ritirarle, soddisfatto per l'ottimo servizio ricevuto.

La filosofia della programmazione asincrona somiglia molto all'esempio di questa seconda tintoria. Vediamo di tradurre questo esempio nel gergo corretto:

Le istruzioni che scrivi all'interno dei tuoi programmi seguono una sequenza di esecuzione che nella maggior parte dei linguaggi viene chiamata **main thread,** o anche **UI thread.** Si tratta del flusso di esecuzione principale, e in tutti i progetti che abbiamo scritto finora abbiamo utilizzato soltanto il thread principale.

In Dart e Flutter il *quasi equivalente* dei thread sono gli **Isolate**: flussi di esecuzione o processi indipendenti.

La tintoria sincrona è un esempio di app che utilizza un singolo Isolate: in molti casi questo è sufficiente. Uno dei compiti dell'Isolate principale è gestire l'interfaccia grafica (UI) della tua app. Gli Isolate nella storia della tintoria sono gli addetti: l'addetto principale della seconda tintoria e l'unico addetto della prima, sono l'Isolate principale.

Nel caso in cui all'interno di un programma ci siano operazioni di lunga durata (*long running tasks*), l'approccio raccomandato, e in alcuni casi obbligatorio, è utilizzare un Isolate secondario: quando richiami un **metodo asincrono**, il **flusso di l'esecuzione principale non viene interrotto**, e l'operazione di lunga durata avviene in background, su un Isolate secondario. Nel nostro esempio il flusso di esecuzione secondario è rappresentato dal secondo addetto della tintoria asincrona.

Una chiamata `http` è considerata un'operazione di lunga durata, perché la rete potrebbe essere lenta, o la connessione instabile, oppure i dati scambiati potrebbero essere molti; è per questo che **tutti i metodi del pacchetto `http` sono asincroni**.

Cosa succede quindi quando richiami un metodo asincrono? Non ricevi direttamente il valore di ritorno generato dalla funzione, ma una **promessa di un valore di ritorno**.

In Flutter le promesse di valori di ritorno si chiamano **Future** e sono tipi generici: quindi dire `Future<String>` vuol dire "promettere" di restituire un valore di tipo stringa in un momento futuro. Nella storiella della tintoria, la promessa è la ricevuta ed il valore di ritorno sono le camicie stirate.

Vediamo come tutto questo si traduce nel nostro codice.

1. Crea un nuovo metodo all'interno della classe `_LibriScreenState`, contrassegnandolo come `async` (asincrono), come indicato qui sotto:
2.

```
Future cercaLibri() async {
```

}

3.
4. All’interno del metodo `cercaLibri`, per prima cosa dobbiamo creare un `URI`, Universal Resource Identifier, letteralmente un *identificatore universale della risorsa.* Ci vogliamo collegare all'indirizzo di Google Books: https://www.googleapis.com/books/v1/volumes?q=javascript
5. Su questo indirizzo puoi individuare quattro parti:
   a. Il protocollo: `https`
   b. il dominio, obbligatorio: `www.googleapis.com`
   c. Il percorso: `books/v1`
   d. i parametri: `volumes?q=javascript`
6. Quindi possiamo impostare il dominio, il percorso, e i parametri, che sono una Map di tipo String, dynamic: si tratta di un insieme di chiavi e valori, dove le chiavi sono stringhe, e i valori possono essere qualunque cosa. In questo caso mettiamo q come chiave, e Oceano Mare come valore:
7.

```
const dominio= 'www.googleapis.com';
const percorso= '/books/v1/volumes';
Map<String, dynamic> parametri =
    {'q': 'Oceano Mare '};
```

8.
9. Ora possiamo creare l'Uri prendendo le tre parti, e specificando il protocollo:

```
Uri uri = Uri.https(dominio, percorso, parametri);
```

10.
11.
12. Sotto la dichiarazione dell’`url` richiama il metodo `get` di `http`, che serve a recuperare dati da un servizio web ed è asincrono, in questo modo:

```
http.get(uri).then((res) {
  setState(() {
```

```
    risultato = res.body;
  });
});
```

In questo caso stiamo chiamando il metodo `http.get`, passando l'indirizzo dove recuperare i dati.

Solo quando i dati sono stati recuperati (**`then`**) e sistemati all'interno di `res`, modifichiamo la variabile di stato `risultato` dentro un metodo `setState()`.

`res` è un oggetto di tipo `Response`, cioè il risultato di una chiamata `http`.

13. Per vedere la sequenza di esecuzione, in fondo al metodo `cercaLibri` inserisci il codice qui sotto:

```
setState(() {
      risultato = 'Richiesta in corso';
 });
```

Per visualizzare il contenuto di `risultato` all'interno dell'app possiamo procedere in questo modo:

14. All'interno del metodo `build` restituisci uno `Scaffold`, che nel `body` contiene un `Container` che ha per `child` un `Text` con il contenuto della stringa risultato, come indicato nel codice qui sotto:

```
Widget build(BuildContext context) {
   return Scaffold(
     appBar: AppBar(
       title: const Text('Libri'),
     ),
     body: Container(child: Text(risultato)),
   );
 }
```

Non ci resta che chiamare il metodo `cercaLibri`. Ma dove?

Finora abbiamo sempre utilizzato il metodo `build` nelle nostre app, ma c'è un metodo che in questo caso è più adatto ed è `initState`.

Il metodo `initState()` viene chiamato una sola volta quando viene creato lo State, mentre il metodo `build()` viene chiamato ogni volta che cambia lo `State`, quindi ad ogni chiamata di `setState()`.

`InitState` si utilizza normalmente per tutte **le impostazioni iniziali** quando costruisci uno Stateful widget, oppure, come in questo caso, per richiamare metodi che devono essere eseguiti una sola volta.

15. Scrivi il metodo `initState`, ed al suo interno richiama `cercaLibri`, come indicato qui sotto:

```
@override
  void initState() {
    cercaLibri();
    super.initState();
  }
```

Ricordati di richiamare sempre `super.initState()` alla fine del metodo `initState()`.

Ora prova ad eseguire l'app e se tutto va come dovrebbe, appena caricata dovresti brevemente vedere la scritta "Richiesta in corso", ma subito dopo il risultato della chiamata:

1. L'impostazione iniziale

2. Il risultato della chiamata

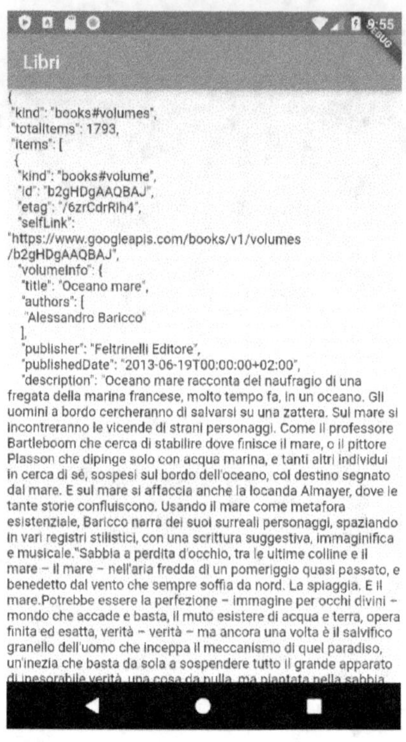

Quindi anche se il `setState` con “Risultato in corso” viene scritto **dopo** nel nostro codice, in realtà viene eseguito prima, perché il `then` viene richiamato solo quando l’operazione `get`, eseguita in background, ha finito la sua esecuzione.

Questo non è l’unico modo di gestire le chiamate asincrone e ne vedremo altri nei prossimi capitoli, ma per ora siamo riusciti a fare una chiamata `http` e recuperare i dati dal servizio web.

A questo punto dobbiamo migliorare il modo in cui i dati recuperati vengono visualizzati nella finestra, visto che adesso sono decisamente poco amichevoli.

La classe Libro

Nei linguaggi orientati agli oggetti, un approccio comune quando si ha a che fare con dei dati, specialmente dati strutturati, è creare classi che rappresentano questi dati.

Questo rende più semplice leggere e manutenere il codice. Per questo progetto seguiremo questo approccio e creeremo una classe chiamata `Libro` che conterrà le proprietà dei libri che recuperiamo da Google Books e che vogliamo mostrare all'utente.

Esistono parecchi dati nel file JSON che abbiamo ricevuto dall'API, ma ne ce ne servono solo alcuni: l'ID, il titolo, gli autori, l'editore, la descrizione e l'immagine di copertina (*thumbnail*).

Nei prossimi passaggi, creeremo la classe Libro, con le sue proprietà e metodi.

1. All'interno del progetto, crea un nuovo file dentro la cartella lib, chiamata `libro.dart`.
2. All'interno del file, crea una classe, chiamata `Libro`.

```
class Libro {
}
```

3. Nella classe, inserisci le proprietà che servono per poter mostrare i dati, utilizzando la parola chiave `late`, che permette di specificare un valore *in un momento successivo*:

```
late String id;
late String titolo;
late String autori;
late String descrizione;
late String editore;
```

```
late String immagineCopertina;
```

La stringa `immagineCopertina` conterrà il link all'immagine e non l'immagine stessa.

4. Ora crea un metodo costruttore, che permetta di impostare tutte le proprietà di `Libro` direttamente in fase di creazione:

```
Libro(this.id, this.titolo, this.autori,
this.descrizione, this.editore,
this.immagineCopertina);
```

Ora creeremo un altro costruttore, che permetterà di creare un libro a partire dal formato JSON che viene recuperato dal servizio web di Google books.

In Dart e Flutter, differentemente da altri linguaggi, ci può essere un solo costruttore che ha semplicemente il nome della classe (unnamed constructor, o *costruttore senza nome*), ma ce ne possono essere molti con un nome specificato dopo il nome della classe, che si chiamano named constructors (*costruttori con il nome*).

Quando si recupera un JSON dal un servizio web, Dart permette di trasformarlo direttamente in un oggetto `Map`, che a sua volta è facilmente trasformabile in un oggetto.

Un oggetto `Map` è un insieme di coppie di chiave – valore: un esempio potrebbe essere

'titolo': 'Oceano Mare'

Dove la **chiave** è "titolo", mentre il **valore** è "Oceano Mare".

In un oggetto di tipo `Map` si recuperano i valori attraverso le chiavi corrispondenti.

Ad esempio in una `Map` chiamata `mappa`, puoi recuperare un titolo con l'istruzione:

```
mappa['titolo'] //restituisce Oceano Mare
```

A questo punto crea un metodo costruttore che accetta un oggetto di tipo Map lo trasforma in Libro, chiamandolo fromMap, come indicato qui sotto:

```
Libro.fromMap(Map<String, dynamic> mappa) {

}
```

5. All'interno del costruttore `fromMap`, dobbiamo recuperare i dati che ci interessano del libro. Comincia con l'`id`:

```
id = mappa['id'];
```

Qui stiamo dichiarando una stringa, con nome `id`, che contiene il valore dell'oggetto `Map` che viene passato alla funzione, e dove viene preso il valore della chiave che ha per nome `id`.

Nota che all'interno di un `map`, si può recuperare il valore di una chiave attraverso le parentesi quadre e il nome della chiave messo tra apici.

6. Fai lo stesso con il titolo del libro:

```
titolo = mappa['volumeInfo']['title'];
```

Qui stiamo navigando l'oggetto mappa ad un secondo livello.

A questo punto potresti chiederti come facciamo a sapere che c'è una chiave `volumeInfo` che contiene una chiave `title`: dipende dal Json che recuperiamo dal servizio.

Qui sotto trovi evidenziata la parte del titolo:

```
{
 "kind": "books#volumes",
 "totalItems": 1681,
 "items": [
  {
   "kind": "books#volume",
   "id": "b2gHDgAAQBAJ",
   "etag": "/6zrCdrRIh4",
   "selfLink": "https://www.googleapis.com/books/v1/volumes/b2gHDgAAQBAJ",
   "volumeInfo": {
    "title": "Oceano mare",
    "authors": [
     "Alessandro Baricco"
    ],
    "publisher": "Feltrinelli Editore",
    "publishedDate": "2013-06-19T00:00:00+02:00",
```

Ogni JSON ha un formato specifico e prima di poter utilizzare un JSON devi leggerlo attentamente per capire come è strutturato. Si tratta un lavoro preliminare che dovrai fare per qualunque app che scriverai da ora in poi eccetto nei tutorial, dove l'autore fa questo lavoro per te.

7. Gli autori sono un insieme. Recuperali in questo modo:

```
this.autori = (mappa['volumeInfo']['authors'] == null)
        ? ''
        : mappa['volumeInfo']['authors'].toString();
```

Nel codice qui sopra abbiamo dichiarato una stringa chiamata `autori` e utilizzato un operatore ternario che controlla se `authors`, all'interno di `volumeInfo` è `null`, cioè non è valorizzato.

Se è `null`, inserisce all'interno di `autori` una stringa vuota, altrimenti trasforma in stringa con il metodo `toString` la lista di `autori` e la inserisce nella variabile `autori`.

8. Procedi nello stesso modo per la descrizione e l'editore:

```
this.descrizione = (mappa['volumeInfo']['description']
== null)
  ? ''
  : mappa['volumeInfo']['description'];

editore = (mappa['volumeInfo']['publisher'] == null)
  ? ''
  : mappa['volumeInfo']['publisher'];
```

9. E infine per l'immagine della copertina:

```
immagineCopertina =
(mappa['volumeInfo']['imageLinks'] == null)
  ? ''
  :
mappa['volumeInfo']['imageLinks']['smallThumbnail'];
```

Il costruttore che trasforma la mappa recuperata dal servizio web è pronto: ora dobbiamo utilizzarla per mostrare i dati all'utente.

Utilizzare il pacchetto JSON per convertire il JSON in Map

Per poter utilizzare il costruttore `Libro.fromMap`, dobbiamo trasformare il JSON che recuperiamo dal servizio in un insieme di oggetti `Map`.

Per poter effettuare questa trasformazione ci serve una libreria, già integrata in Flutter, che si chiama `dart:convert`, che permette di **codificare e decodificare** il formato JSON.

1. In cima a main.dart aggiungi l'importazione della libreria e di libro.dart, come indicato qui sotto:

```
import 'dart:convert';
import 'libro.dart';
```

2. In cima alla classe `_LibriScreenState` dichiara un elenco di oggetti `Libro`, che chiameremo `libri`, come indicato qui:

```
List<Libro> libri = [];
```

10. Ora nel metodo `cercaLibri`, nel `then` del metodo `get`, modifica il codice in questo modo:

```
http.get(uri).then((res) {
  final resJson = json.decode(res.body);
  final libriMap = resJson['items'];
  libri = libriMap.map<Libro>((mappa) =>
Libro.fromMap(mappa)).toList();
  setState(() {
    risultato = res.body;
    libri = libri;
  });
});
```

Vediamo di capire nel dettaglio cosa abbiamo scritto.

Nella riga:

```
final resJson = json.decode(res.body);
```

Stiamo dichiarando una variabile che prende il contenuto del risultato della richiesta del metodo `get()` e la decodifica utilizzando il metodo `json.decode()`: di fatto `json.decode` prende una stringa (`res.body`) e la trasforma in un oggetto JSON.

L'oggetto JSON può essere navigato: infatti navighiamo all'interno della chiave "`items`", che contiene i libri trovati, con l'istruzione successiva:

```
final libriMap = resJson['items'];
```

che mette il contenuto della chiave `items` all'interno della variabile `libriMap`.

L'istruzione più interessante è proprio la successiva:

```
libri = libriMap.map<Libro>((mappa) =>
Libro.fromMap(mappa)).toList();
```

Qui chiamiamo il metodo `map`, che permette di scorrere ciascun elemento di un insieme.

Per ciascun elemento all'interno dell'insieme `libriMap`, prendiamo l'oggetto, che qui chiamiamo `mappa`, e per ciascuna mappa restituiamo un oggetto di tipo `Libro`, generato dal costruttore "`fromMap`". Alla fine trasformiamo tutto in `List` con il metodo `toList`. Al completamento dell'operazione di conversione otteniamo una `List` di libri.

Riepilogando:

- abbiamo fatto una chiamata `get`, che ci ha restituito del testo;
- abbiamo trasformato il testo in JSON;
- abbiamo selezionato items, che sono i libri in formato JSON che dovremo visualizzare;
- abbiamo trasformato le `Map` ottenute in un insieme di libri.

Ora siamo pronti a visualizzare i libri nell'interfaccia grafica!

Utilizzare una ListView per visualizzare i dati

`ListView` è un widget ***scrolling***, che può scorrere all'interno dello schermo, un po' come il `SingleChildScrollView` che abbiamo visto in precedenza: la differenza è che può contenere diversi elementi, e non uno soltanto.

Lo scorrimento può avvenire sia orizzontalmente che verticalmente, con lo scorrimento verticale come valore predefinito.

`ListView` ha diversi costruttori: quello più indicato nel nostro caso è `ListView.builder`: questo richiede il numero di elementi della lista, da indicare nel parametro `count`, e un `itemBuilder`, che visualizza ciascun elemento.

1. Nel metodo `build()` della classe `_LibriScreenState`, anziché inserire un `Container` nel `body` dello `Scaffold`, modifica il codice in modo da restituire un `ListView`, come indicato qui sotto:

```
body: ListView.builder(
  itemCount: libri.length,
  itemBuilder: ((BuildContext context, int posizione)
{
    return Text(libri[posizione].titolo);
}))
```

Nella proprietà `itemCount` abbiamo specificato la lunghezza della `List libri`, con `libri.length`, mentre nella proprietà `itemBuilder` abbiamo costruito l'interfaccia grafica del contenuto della `ListView`.

Si tratta di una funzione che prende due parametri: il contesto corrente (`buildContext`) e la posizione all'interno della lista, a partire dal primo elemento fino alla fine dell'insieme. In pratica questa funzione è come un **ciclo** che va da 0 fino all'ultimo valore di `itemCount` e disegna quello che gli specifichiamo nel valore di ritorno (`return`): in questo caso un `Text` con il titolo del libro alla posizione corrente del ciclo.

2. Esegui l'app.

Dovresti vedere una schermata simile a quella illustrata qui sotto:

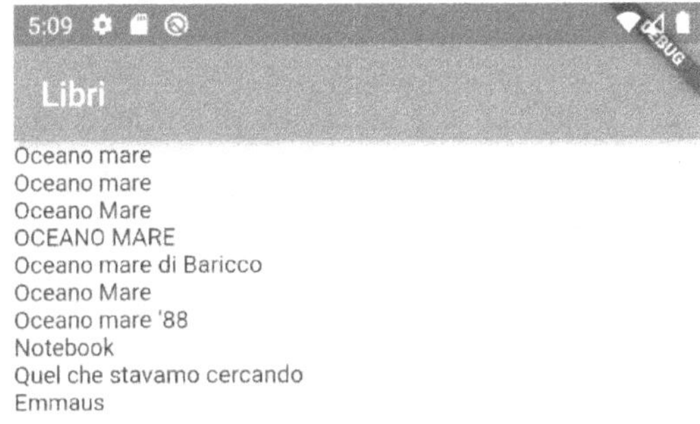

Quello che stai vedendo sono i titoli dei libri che abbiamo recuperato da Google Books.

Mi rendo conto che potresti essere un po' deluso da quanto è brutta questa schermata: per farmi perdonare ti posso anticipare che con pochissimo sforzo la renderemo molto più gradevole.

3. Invece di restituire un `Text`, restituisci un widget che si chiama `Card`, che come `child` avrà un `ListTile`, in questo modo:

```
itemBuilder: ((BuildContext context, int posizione) {
  return Card(elevation: 2,
    child: ListTile(
      title: Text(libri[posizione].titolo),
      subtitle: Text(libri[posizione].autori),
    ),
  );
}))
```

Come promesso, il risultato è già decisamente meglio:

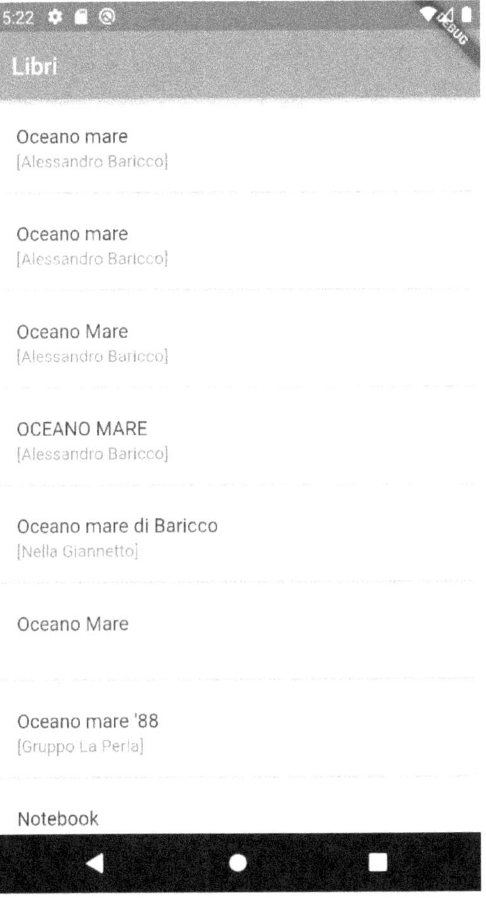

In questo caso abbiamo usato due nuovi widget: `Card` e `ListTile`. `Card` è un Material widget con angoli leggermente arrotondati e un'ombra che lo "alza" rispetto al suo background. Normalmente si usa per raggruppare informazioni correlate tra loro, come un libro, un film, un luogo, ecc.

`ListTile` è un altro Material widget che può contenere da una a tre righe di testo, più immagini all'inizio e alla fine.

A questo punto possiamo vedere Titolo e Autori. Aggiungiamo un’icona con l’immagine di copertina:

4. All’inizio del `ListTile`, imposta la proprietà `leading` come indicato qui sotto:

```
leading: libri[posizione].immagineCopertina == ''

      ? const FlutterLogo()

      : Image.network(libri[posizione].immagineCopertina),
```

La proprietà `leading` inserisce a sinistra di un `ListTile` uno spazio dove posizionare icone o immagini: in questo caso abbiamo aggiungo l’immagine di copertina disponibile su Google Books, oppure, se non è disponibile, il logo di Flutter.

Ora la nostra schermata è decisamente più gradevole.

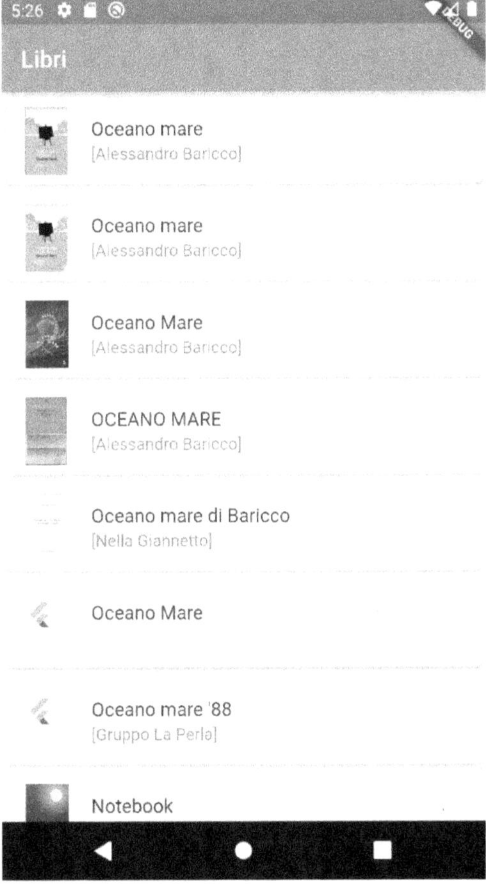

Per completare la nostra app mancano due funzioni: passare ad una seconda pagina con i dettagli del libro e dare all'utente la possibilità di cercare libri su Google Books. Cominciamo con la prima.

Aggiungere una seconda schermata ad un'app:

Quando l'utente preme su uno degli elementi della lista dei libri, vogliamo portarlo alla seconda finestra della nostra app. Qui l'utente potrà leggere i dettagli del libro che non abbiamo mostrato nella prima schermata, come l'editore e la descrizione.

1. Crea un nuovo file all'interno della cartella `lib` del progetto, chiamandolo `libroScreen.dart.`
2. Al suo interno importa la libreria `material.dart` e il nostro `libro.dart`:

```
import 'package:flutter/material.dart';
import 'libro.dart';
```

3. Sotto gli import, crea uno Stateless widget con la scorciatoia `stless` e chiamalo `LibroScreen`:

```
class LibroScreen extends StatelessWidget {
  const LibroScreen({super.key});
  @override
  Widget build(BuildContext context) {
    return Container(
    );
  }
}
```

Ora dobbiamo trovare il modo di leggere i dati del libro che vogliamo mostrare all'utente. In realtà un widget non è altro che una classe, quindi possiamo passare ad una classe un parametro attraverso il suo costruttore.

Questa schermata si aspetta di ricevere un libro, quindi possiamo modificare il costruttore in modo che accetti un libro e lo valorizzi appena ricevuto.

4. In cima alla classe `LibroScreen`, dichiara un oggetto di tipo libro ed aggiungilo al costruttore:

```
final Libro libro;
LibroScreen(this.libro, super.key});
```

5. Nel metodo `build()`, Invece di un `Container`, restituisci uno `Scaffold` che ha per `appBar` una `AppBar` che contiene il titolo del libro, e per `body` un `SingleChildScrollView` che contiene una `Column` con un `Padding` per distanziarla dai bordi dello schermo, come indicato qui sotto:

```
return Scaffold(
  appBar: AppBar(title: Text(libro.titolo),),
  body: SingleChildScrollView(
    child: Padding(
      padding: const EdgeInsets.all(20.0),
      child: Column(
        children: [],
      ),
    ),
));
```

All'interno della finestra, vogliamo mostrare l'immagine di copertina, gli autori, l'editore e la descrizione del libro. L'immagine di copertina sarà centrata, mentre gli altri elementi saranno tutti inclusi in un `Text`.

6. All'interno della `Column` inserisci il codice qui sotto:

```
child: Column(
  children: [
    Padding(
```

```
        padding: const EdgeInsets.all(8.0),
        child: Image.network(libro.immagineCopertina),
      ),
Padding(

       padding: const EdgeInsets.all(8.0),
      child: Text('Scritto da: ${libro.autori}'),
                  ),
Padding(
      padding: const EdgeInsets.all(8.0),
      child: Text('Editore: ${libro.editore}'),
          ),
      Padding(
        padding: const EdgeInsets.all(8.0),
        child: Text(libro.descrizione),
      )
    ],
),
```

Come vedi, ora ciascuno gli elementi è incluso in un `Padding` per distanziarlo dagli altri.

A questo punto non possiamo ancora vedere il risultato di questa schermata, perché non abbiamo modo di arrivarci quando eseguiamo l'app: vediamo come si naviga all'interno di Flutter.

Navigare con Navigator

Quando vuoi cambiare la finestra visibile in un'app Flutter, puoi utilizzare l'oggetto `Navigator`.

Le finestre o pagine o schermate, sono chiamate **`Routes`** in Flutter e vengono inserite in un insieme che si chiama `Stack`, contenente una sorta di cronologia di navigazione.

Quando vuoi cambiare pagina in Flutter usi un oggetto chiamato Navigator. Il metodo `push` di `Navigator` inserisce una nuova pagina in cima allo `Stack`.

Il metodo `push()` richiede un percorso, che è la pagina che si desidera caricare, e il contesto corrente. Per il percorso si utilizza la classe `MaterialPageRoute`, in cui si specifica il nome della classe che vuoi caricare.

Vediamolo in azione tornando al `main.dart`: vogliamo che quando l'utente preme su uno dei `ListTile` nella lista dei libri, venga visualizzata la seconda `Route` (pagina) della nostra app.

1. Includi in cima al `main.dart` il file `libroScreen.dart`:

```
import 'libroScreen.dart';
```

2. Poi, nel `ListTile` aggiungi la proprietà `onTap`, che viene richiamata quando l'utente **preme** su uno del `ListTile`.
3. All'interno di `onTap`, crea una `MaterialPageRoute`, chiamata `route`. Poi utilizza il metodo `push` di `Navigator` per cambiare schermo.
4. Aggiungi il codice qui sotto nel `ListTile` della `ListView` all'interno del metodo `build()` di `_LibriScreenState`:

```
onTap: () {
  MaterialPageRoute route = MaterialPageRoute(
    builder: (_) => LibroScreen(libri[posizione]));
  Navigator.push(context, route);
},
```

`MaterialPageRoute` richiede di impostare un `builder`: qui si restituisce un'istanza della classe che si vuole aggiungere allo Stack. In questo caso, abbiamo aggiunto il Widget `LibroScreen`, passando il `Libro` contenuto alla posizione corrente dell'insieme libri.

`Navigator.push` aggiunge la nuova schermata allo Stack di navigazione.

5. Ora manda l'app in esecuzione e clicca sul primo libro presente nella lista;

Dovresti trovarti davanti ad una schermata simile all'immagine qui sotto:

Scritto da: [Alessandro Baricco]

Editore: Feltrinelli Editore

Oceano mare racconta del naufragio di una fregata della marina francese, molto tempo fa, in un oceano. Gli uomini a bordo cercheranno di salvarsi su una zattera. Sul mare si incontreranno le vicende di strani personaggi. Come il professore Bartleboom che cerca di stabilire dove finisce il mare, o il pittore Plasson che dipinge solo con acqua marina, e tanti altri individui in cerca di sé, sospesi sul bordo dell'oceano, col destino segnato dal mare. E sul mare si affaccia anche la locanda Almayer, dove le tante storie confluiscono. Usando il mare come metafora esistenziale, Baricco narra dei suoi surreali personaggi, spaziando in vari registri stilistici, con una scrittura suggestiva, immaginifica e musicale."Sabbia a perdita d'occhio, tra le ultime colline e il mare – il mare – nell'aria fredda di un pomeriggio quasi passato, e benedetto dal vento che sempre soffia da nord. La spiaggia. E il mare.Potrebbe essere la perfezione – immagine per occhi divini – mondo che accade e basta, il muto esistere di acqua e terra, opera finita ed esatta

Nota che se usi Android nell'angolo in alto a sinistra è comparsa una freccia che rimuove questa schermata dallo Stack e ritorna alla schermata iniziale.

Ora possiamo modificare leggermente i testi dell'Autore e dell'editore in modo da renderli più visibili.

Nei `Text` degli autori e dell'editore aggiungi un `TextStyle`, come indicato sotto:

```
Padding(
      padding: const EdgeInsets.all(8.0),
      child: Text('Scritto da: ${libro.autori}',
            style: TextStyle(
                  fontSize: 20,
      color: Theme.of(context).colorScheme.primary),
                  ),
                ),
Padding(
      padding: const EdgeInsets.all(8.0),
      child: Text('Editore: ${libro.editore}',
            style: const TextStyle(
                  fontSize: 16,
            ),
      ),
),
```

Nel codice sopra, per l'autore aumentiamo la dimensione del font a 20 e scegliamo il colore primario del tema, cioè il blu; per l'editore invece mettiamo una dimensione 16 e lasciamo il colore predefinito.

Il risultato finale dovrebbe essere simile a quello illustrato sotto:

Scritto da: [Alessandro Baricco]

Editore: Feltrinelli Editore

Oceano mare racconta del naufragio di una fregata della marina francese, molto tempo fa, in un oceano. Gli uomini a bordo cercheranno di salvarsi su una zattera. Sul mare si incontreranno le vicende di strani personaggi. Come il professore Bartleboom che cerca di stabilire dove finisce il mare, o il pittore Plasson che dipinge solo con acqua marina, e tanti altri individui in cerca di sé, sospesi sul bordo dell'oceano, col destino segnato dal mare. E sul mare si affaccia anche la locanda Almayer, dove le tante storie confluiscono. Usando il mare come metafora esistenziale, Baricco narra dei suoi surreali personaggi, spaziando in vari registri stilistici, con una scrittura suggestiva, immaginifica e musicale."Sabbia a perdita d'occhio, tra le ultime colline e il mare – il mare – nell'aria fredda di un pomeriggio quasi passato, e benedetto dal vento che sempre soffia da nord. La spiaggia. E il mare.Potrebbe essere la perfezione – immagine per occhi divini – mondo che accade e basta,

Non ci rimane che permettere all'utente di cercare i libri così da poter rendere utile la nostra app.

Aggiungere la funzionalità di ricerca

Per quanto Oceano Mare sia un romanzo bellissimo, la nostra app in questo momento non è particolarmente utile a Rut Flet, che vuole poter cercare tutti i libri che le piacciono.

Possiamo prevedere una funzione di ricerca che, quando attivata, permetta al nostro utente di ricercare i libri all'interno del servizio di Google Books.

Per prima cosa dobbiamo fare una modifica alla funzione `cercaLibri`: in questo momento `cercaLibri` è un po' monomaniaca, nel senso che cerca solo Oceano Mare.

Modifichiamola in modo da permetterle di accettare una stringa per la ricerca di libri.

1. Nel main.dart, modifica la funzione `cercaLibri` in questo modo:
2.

```
Future cercaLibri(String ricerca) async {

    const dominio = 'www.googleapis.com';

    const percorso = '/books/v1/volumes';

    Map<String, dynamic> parametri = {'q': ricerca};

    [...]
```

Ora a `cercaLibri` dobbiamo passare una stringa di ricerca, che all'inizio sarà 'Oceano Mare', ma poi cambierà in base alla ricerca dell'utente:

3. Nel metodo `initState`, modifica il codice come sotto:

```
void initState() {
    cercaLibri('Oceano Mare');
    super.initState();
  }
```

A livello di interfaccia, l'utente visualizzerà un pulsante con un'icona che mostra una lente d'ingrandimento `nell'AppBar`.

Quando l'utente preme l'icona, compare un `TextField` al posto del `Text` che contiene la stringa "Libro": questo permette di inserire una stringa di ricerca. Alla pressione del pulsante di ricerca sulla tastiera, l'app chiamerà il servizio web per recuperare tutti i libri che corrispondono all'input dell'utente.

4. In cima alla classe `_LibriScreenState` aggiungi due variabili che contengono Widget: uno conterrà un'icona ed un altro un `Text`, come specificato qui sotto:

```
Icon icona = const Icon(Icons.search);
Widget widgetRicerca = const Text('Libri');
```

Questi due widget rappresentano la situazione iniziale: il testo con la scritta Libri e un'icona che quando premuta mostrerà un `TextField` al posto del `Text`.

Potresti chiederti dove trovare altre icone, oltre a `search`, da inserire nelle tue app. In Flutter esiste un contenitore di Icone, `Icons` appunto, che contiene icone per le operazioni più comuni, come la ricerca.

Per una lista completa delle icone puoi navigare alla pagina https://api.flutter.dev/flutter/material/Icons-class.html, dove vedrai diverse centinaia di icone che puoi utilizzare direttamente nelle tue app, senza bisogno di installare pacchetti aggiuntivi.

5. Nel `title` dell'`AppBar` sostituisci il `Text` con la variabile `widgetRicerca`:

```
appBar: AppBar(
  title: widgetRicerca,
```

Ora `nell'AppBar` aggiungiamo la proprietà `actions`.

`actions` si usa per inserire widget che compiono delle *azioni*: per esempio visualizzare un menu, modificare le impostazioni o come in questo caso, mostrare i widget che servono per la ricerca.

La proprietà `actions` permette di inserire una lista, ma noi avremo un solo widget, di tipo `IconButton`, cioè un pulsante che può essere premuto per eseguire un'azione.

Nella proprietà `icon` inseriamo l'icona che abbiamo scelto prima, mentre nell'`onPressed` chiamiamo il metodo `setState()` per modifica l'icona: se l'icona è `Icons.search` la sostituiamo con `Icons.cancel` e sostituiamo `widgetRicerca` con un `TextField`, che come `textInputAction` avrà `TextInputAction.search`, che si usa per le ricerche, e come style avrà un colore bianco e un `fontSize` pari a 20.

Viceversa, se l'icona è già `Icons.cancel`, riportiamo alla situazione iniziale: quindi l'icona ritornerà `Icons.search` e `widgetRicerca` il semplice `Text` con all'interno la scritta Libro.

6. Modifica il codice di `actions` dell'appBar è come proposto qui sotto:

```
actions: [
      IconButton(
            icon: icona,
            onPressed: () {
              setState(() {
                if (icona.icon == Icons.search) {
                  icona = const Icon(Icons.cancel);
                  widgetRicerca = TextField(
                    textInputAction:
TextInputAction.search,
                    style: TextStyle(
                      color: Colors.white,
                      fontSize: 20.0,
                    ),
```

```
                    );
                  } else {
                    setState(() {
                      icona = const Icon(Icons.search);
                      widgetRicerca = const
Text('Libri');
                    });
                  }
                });
              },
            )
          ],
```

7. Manda l'app in esecuzione.

Vedrai che all'inizio visualizzi il titolo con la scritta Libri e l'icona con una lente di ingrandimento. Quando la premi, la lente di ingrandimento scompare e compare l'icona del `cancel`. Anche il titolo scompare e compare la casella di testo, o `TextField`, dove possiamo inserire del testo.

A questo punto dobbiamo fare la ricerca vera e propria.

Per farlo possiamo utilizzare la proprietà `onSubmitted` del `TextField`. Il metodo che inserisci dentro `onSubmitted` viene eseguito ogni volta che l'utente preme il pulsante principale della tastiera virtuale, l'equivalente del tasto invio. Qui richiamiamo il metodo che ricerca i libri da Google Books.

8. Nel `TextField`, aggiungi il codice qui sotto:

```
onSubmitted: (testoRicerca) =>
cercaLibri(testoRicerca),
```

9. Prova nuovamente l'app e cerca Flutter

Visualizzerai i libri che parlano, appunto di Flutter.

Non ci resta che completare l'app con gli ultimi ritocchi.

Completare l'app: prevenire gli errori e gli ultimi ritocchi

Le funzionalità di base del nostro progetto sono complete, ma in questo momento la nostra app è piuttosto fragile: se il dispositivo perde la connessione, o nel libro manca una copertina, o se la ricerca non da nessun risultato, il programma si blocca senza dare alcun riscontro all'utente.

Cerchiamo di rendere un pochino più solida la nostra app individuando i punti di rischio più forti.

Uno dei punti critici dell'app è il fatto che **non tutti i libri hanno l'immagine di copertina.** Quando manca non viene neanche inserito il relativo campo nel JSON generato da Google Books. Questo può causare un errore, che possiamo risolvere includendo la parte della copertina in un `try.. Catch`:

1. Nel file `libro.dart`, nel costruttore `Libro.fromMap`, modifica il codice che imposta l'immagine di copertina in un `try catch`, come mostrato qui sotto:

```
try {
  this.immagineCopertina =
(mappa['volumeInfo']['imageLinks'] == null)
    ? ''
    :
mappa['volumeInfo']['imageLinks']['smallThumbnail'];
}
catch (error) {
  this.immagineCopertina = '';
}
```

Nel `try.. Catch` quello che avviene è che il framework prova ad eseguire le righe incluse nel `try`, dall'apertura della sua parentesi graffa alla sua chiusura.

Se le istruzioni incluse nel `try` generano un errore, il programma entra nel `catch`, dove possiamo gestire l'errore in modo da evitare che blocchi il programma. In questo caso, se l'istruzione che prova a leggere l'immagine di copertina genera un errore, lasceremo semplicemente l'immagine di copertina vuota.

Un altro punto critico del programma è la chiamata al `get` dell'`http`: questo parte è particolarmente a rischio perché un dispositivo può perdere la connessione, oppure il servizio potrebbe non funzionare correttamente.

2. Ci sarebbero diverse alternative, ma per semplicità includi il metodo `get` in un altro `try catch` nel metodo `cercaLibri` all'interno del `main.dart`:

```
try {
  http.get(url).then((res) {
    final resJson = json.decode(res.body);
    final libriMap = resJson['items'];
    libri = libriMap.map<Libro>((mappa) =>
Libro.fromMap(mappa)).toList();
    setState(() {
      risultato = res.body;
      libri = libri;
    });
  });
}
catch (error) {
  setState(() {
    risultato = '';
  });
}
```

Se volessi pubblicare questa app negli store, sarebbe utile ottenere una chiave identificativa da Google Books: senza nessuna identificazione abbiamo un traffico abbastanza limitato sull'API. Per ulteriori informazioni dai un'occhiata alla pagina https://developers.google.com/books/docs/v1/using#APIKey

Nel nostro caso, comunque, la chiave non è necessaria perché ci accontentiamo del traffico che Google ci regala senza identificazione.

Con questi ultimi ritocchi, la nostra app è finalmente terminata! Potrai utilizzare i principi contenuti in questo progetto per le tue prossime app che si collegano a servizi web.

Riepiloghiamo brevemente quanto abbiamo visto in questo capitolo.

Riepilogo

Il progetto di questo capitolo ha introdotto moltissimi concetti chiave in Flutter: in particolare hai cominciato a vedere alcuni concetti della programmazione asincrona, come l'utilizzo dei `Future` e il suo metodo `then`.

Hai visto come includere pacchetti all'interno delle tue app, ed in particolare come includere il pacchetto il pacchetto http, che ci ha permesso di collegarci al servizio web di Google Books.

Una volta ricevuto il risultato dal servizio in formato JSON, hai visto come è possibile trasformare il JSON in oggetto, utilizzando `JSON.decode` e `Map`.

Abbiamo visto come mostrare ai nostri utenti i risultati con una `ListView`, che è un widget che scorre: all'interno della `ListView` hai usato `Card` e `ListTile`, e premendo uno degli elementi della lista hai anche visto come richiamare una seconda schermata (o `Route`, per essere più precisi) nell'app utilizzando l'oggetto `Navigator` e passando dati al costruttore della seconda schermata.

Capitolo 5: Leggere e scrivere dati con un database Sembast

Rut Flet è inarrestabile: è così entusiasta delle nostre app che ne ha chiesta un'altra.

Il problema che vuole risolvere è che quando va a fare la spesa, spesso dimentica articoli assolutamente essenziali. Le cose da comprare le vengono in mente durante la giornata e qualche volta riesce ad appuntarle su un foglietto o dietro uno scontrino. Al momento di entrare al supermercato i foglietti non si trovano, oppure sono incompleti e di conseguenza lo è anche la spesa.

La soluzione? Creare un'app con Flutter, ovviamente. L'app permette di gestire una lista della spesa: quando ti viene in mente qualcosa da comprare, la puoi aggiungere direttamente con lo smartphone e una volta arrivato al supermercato, la lista è pronta per essere utilizzata.

Il codice completo di questo capitolo è disponibile su Github, all'indirizzo: https://github.com/simoales/crea_app_con_flutter.

Questa app richiede una funzionalità fondamentale per lo sviluppo della maggior parte del software installato sui dispositivi che usiamo tutti i giorni: **salvare dati nella memoria interna del dispositivo**. Ci sono svariate tecnologie in Flutter che permettono di farlo, da quelle più semplici, come `SharedPreferences`, a quelle più articolate, ad esempio i database relazionali come `Sqlite`.

In questo capitolo utilizzeremo un database NoSQL, semplice da utilizzare ma estremamente affidabile, che si chiama `Sembast`. `Sembast` è un acronimo che sta per **Simple Embedded Application Store Database**, che potremmo azzardare a tradurre con "*semplice database incorporato per le applicazioni*". In realtà utilizzarlo è più semplice che ricordarne il nome completo.

`Sembast` è un database basato su documenti, che viene salvato su un singolo file all'interno del dispositivo. Si carica in memoria all'apertura dell'app e tutti i documenti vengono salvati in formato JSON, che abbiamo utilizzato anche nel capitolo precedente. La libreria è scritta in Dart ed è compatibile con Android, iOS e anche il web: l'unico requisito per utilizzarla è aggiungere la relativa dipendenza nel file `pubspec.yaml`.

L'app che costruiremo in questo capitolo contiene due pagine: la prima è una lista di articoli, in cui il nostro utente vede il nome del prodotto da acquistare, la quantità ed eventualmente delle note. Da qui premendo il `FloatingActionButton`, il pulsante principale dell'app, si può passare alla seconda pagina, che permette di inserire un nuovo articolo nella lista.

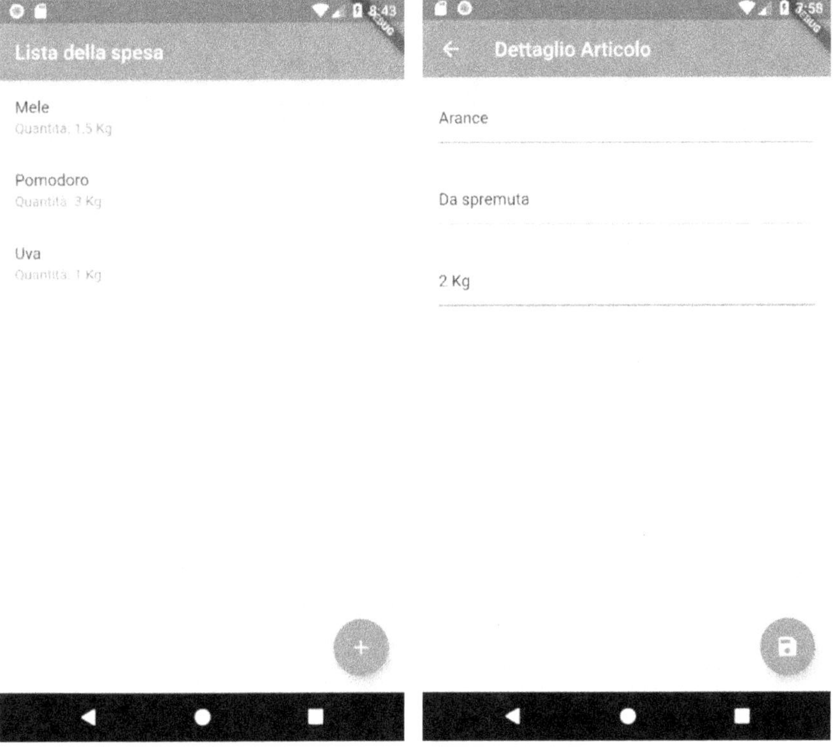

Dopo aver compilato le tre caselle: nome, note e quantità, basta premere il pulsante salva, anche questo un FloatingActionButton, per tornare alla lista, illustrata sotto.

Sempre dalla lista è possibile premere su un qualunque prodotto. Questo porterà nuovamente alla finestra che si utilizza per inserire un nuovo prodotto ma stavolta in modalità di modifica. Qui l'utente visualizza il dato già salvato nel database. Se modifica uno o più valori nei campi, questi verranno salvati dopo aver premuto il pulsante salva. Anche qui si torna direttamente alla lista.

Una volta completato l'acquisto Rut Flet vorrebbe cancellare i prodotti dalla finestra. Creeremo una funzione che permetterà di eliminare un dato dal database trascinando un elemento verso sinistra o verso destra.

Si tratta di un'applicazione che ci darà modo di incontrare numerose caratteristiche di Flutter, ed i concetti che incontreremo creando questa Lista della Spesa sono fondamentali per lo sviluppo di tutte le app che devono salvare dati nel dispositivo.

In particolare, vedremo come:

- Utilizzare classi modello per il database
- Inserire, leggere, modificare e cancellare i dati da un database Sembast
- Creare una finestra per l'aggiunta e la modifica dei dati
- Utilizzare un *factory constructor*

Cominciamo subito, creando una nuova app.

Aggiungere le dipendenze dal Terminal

In questa sezione aggiungeremo le funzioni necessarie per aggiungere nuovi elementi all'interno del database della nostra app.

1. Crea una nuova app con il tuo editor: il nome dell'app è `SpesApp`.

Una volta conclusa la creazione del progetto, possiamo inserire nel file `pubspec.yaml` le dipendenze necessarie all'app.

Nel capitolo precedente abbiamo visto come aggiungere un pacchetto ad una app copiando ed incollando nel file `pubspec.yaml` il nome e la versione del pacchetto sotto il nodo `dependencies`.

In questo caso utilizzeremo un sistema più semplice, che ci permette di evitare la visita al sito pub.dev quando conosciamo il nome del pacchetto. Si fa direttamente dal Terminal (o Prompt dei comandi), che possiamo aprire anche direttamente da Visual Studio Code.

In effetti queste istruzioni sono anche presenti nella sezione *installing* di ciascun pacchetto: vediamole per `sembast`, mentre per `path_provider` faremo senza.

2. Quindi torna sul sito pub.dev con il browser. Qui cerca Sembast, e dalla pagina dei risultati fai click sul primo risultato,
3. Clicca sulla sezione *Installing*. Tra le istruzioni, nota il comando

   ```
   flutter pub add sembast
   ```

   Questo in effetti è il comando che permette di **aggiungere automaticamente il pacchetto**, nella sua ultima versione, al tuo progetto.

La sintassi è sempre la stessa: `flutter pub add` e poi il nome del pacchetto. Il vantaggio di usare questo comando, invece che inserire manualmente il pacchetto nelle `dependencies`, è che quando conosci il nome del pacchetto che vuoi utilizzare, non hai bisogno di cercare l'ultima versione sul sito pub.dev, che comunque rimane utilissimo per trovare nuovi pacchetti, o per vedere esempi di come si usano.

4. Da Visual Studio Code, visualizza il Terminal attraverso il menu View →Terminal.
5. Sul Termina, incolla il comando copiato prima e premi invio: `flutter pub add sembast`
6. Verifica che l'ultima versione di sembast sia presente sotto il nodo `dependencies` del file pubspec.yaml (la versione potrebbe essere diversa da quella indicata sotto):

```
sembast: ^3.3.0
```

Ora ripetiamo lo stesso comando, questa volta con `path_provider`.

7. Nel Terminal digita

```
flutter pub add path_provider
```

8. Verifica che anche questo pacchetto sia stato aggiunto:

```
path_provider: ^2.0.11
```

Ora che hai aggiunto tutti i pacchetti che servono al nostro progetto, possiamo dedicarci alla logica della nostra app.

Scrivere dati con Sembast

Quando leggiamo e scriviamo i dati su un database, generalmente la struttura del dato segue un modello definito: ad esempio, per tutti gli elementi della lista della spesa nella nostra app, vogliamo poter gestire il nome del prodotto, la quantità da acquistare ed un campo note per eventuali annotazioni sull'articolo da acquistare.

Per gestire un oggetto di questo tipo un metodo molto utilizzato è creare una classe, con la struttura del dato da gestire.

1. Crea una nuova cartella in `lib`, chiamandola **`dati`**.
2. All'interno della cartella dati, crea un nuovo file, con nome `articolo.dart`.
3. All'interno di `articolo.dart` crea una nuova classe, con nome `Articolo`, che contiene quattro campi: un intero per l'`id` e tre stringhe: `nome`, `quantita` e `note`. La quantità è una stringa perché vogliamo poter aggiungere anche caratteri (ad esempio "2 Kg").

In Dart e Flutter non è possibile scegliere nomi di variabili con le lettere accentate, quindi dovremo scrivere "quantita" invece di quantità.

4. Infine, crea un costruttore, che quando richiamato accetti tutti i dati della classe, tranne l'`id`, che verrà gestito direttamente dal database. Anche in questo caso aggiungiamo la parola chiave `late,` eccetto per `id` e `note` che possono essere `Null`.

La classe completa fino a questo punto è mostrata qui sotto:

```
class Articolo {
  int? id;
  late String nome;
  late String quantita; //non si può mettere la à
accentata
  String? note;
  Articolo(this.nome, this.quantita, this.note);
```

```
}
```

All'interno della classe `Articolo`, dovremo ora creare un metodo per trasformare un oggetto di tipo `Articolo` in `Map`.

Come abbiamo visto nel capitolo precedente, un oggetto di tipo `Map` è un insieme di coppie di chiave – valore. Ci serve trasformare il nostro articolo in `Map` perché il database `Sembast` accetta oggetti di tipo `Map` per la scrittura e modifica dei dati.

5. Per farlo crea un nuovo metodo, che restituisce un oggetto `Map` di tipo `String, dynamic` (le chiavi sono sempre `String`, mentre i valori possono essere di tipi diversi), chiamato `trasformaInMap`;
6. Al suo interno, restituisci on oggetto che ha come chiave `id` ha l'`id` dell'oggetto, e ripeti per `nome`, `quantita` e `note`. Il codice completo di trasformaInMap è riportato qui sotto:

```
Map<String, dynamic> trasformaInMap() {
  return {
    'id':id,
    'nome': nome,
    'quantita': quantita,
    'note': note,
  };
}
```

Ora serve un metodo che faccia l'opposto: quando leggiamo dal database, otterremo un oggetto di tipo `Map`. Da `Map` lo trasformeremo in `Articolo` prima di visualizzarlo nell'interfaccia grafica.

7. Crea un nuovo costruttore, questa volta un *named constructor*, un costruttore con il nome, che prenda come parametro un oggetto di tipo `Map` e da questo generi un nuovo `Articolo`, completando i vari campi, quindi `id`, `nome`, `quantita` e `note`, come mostrato nel codice qui sotto:

```
Articolo.daMap(Map<String, dynamic> map) {
    id = map['id'];
    nome = map['nome'];
    quantita = map['quantita'];
    note = map['note'];
  }
```

Ora viene la parte più interessante, quella che si interfaccia direttamente con il database. Tutti i metodi che ci permettono di interagire con `Sembast` li metteremo in una nuova classe, a cui dedicheremo un file.

1. Nella cartella `dati` del progetto crea un nuovo file, chiamato `articolo_db.dart`, e al suo interno crea una classe, chiamata `ArticoloDb`.

```
class ArticoloDb {
}
```

2. In cima al file aggiungi alcuni import necessari: `dart:async` per utilizzare metodi asincroni, con le istruzioni `async` e `await`; `path_provider` per trovare il percorso del database, `path` che ci permetterà di fare un concatenamento con il percorso, `sembast`, il nostro database, e `sembast_io`, che contiene alcuni oggetti di `sembast` che ci permettono di effettuare le operazioni di lettura e scrittura del database, e infine il nostro `articolo.dart`:

```
import 'dart:async';
import 'package:path_provider/path_provider.dart';
import 'package:path/path.dart';
import 'package:sembast/sembast.dart';
import 'package:sembast/sembast_io.dart';
import 'articolo.dart';
```

Vediamo ora gli step necessari per usare `Sembast`, riassunti nella tabella qui sotto:

`DatabaseFactory dbFactory=databaseFactoryIo;`	← Crea un databaseFactorylo, che permette di aprire i database di Sembast
`final db = await dbFactory.openDatabase( percorsoDb);`	← Apre il database con il metodo openDatabase, passando il percorso del Db
`final store = intMapStoreFactory.store( 'articoli');`	← Uno Store è un percorso all'interno di un database Sembast
`await store.add(_db, articolo.trasformaInMap());`	← Il metodo add, sullo Store, aggiunge un nuovo elemento all'interno del database passato come primo parametro

- Prima di tutto occorre dichiarare un `DatabaseFactory`: si tratta di una classe che permette di aprire i database `Sembast`.
- Per aprire effettivamente il database, sul `DatabaseFactory` si chiama il metodo `openDatabase`, passando il percorso dove il database è salvato. Se non esiste, il database viene creato. Il metodo `openDatabase` è asincrono e restituisce un `Future`, di tipo `Database`.
- Una volta aperto il database, viene specificato lo Store: si tratta di un riferimento che contiene la posizione, **interna** al database, dove verranno letti e scritti i dati. Sullo store richiameremo i metodi `add`, `update`, `delete` e `find`.
- Per aggiungere un nuovo dato, si chiama il metodo `add` sullo store: come sempre è un'operazione asincrona e richiede il `Database`, e l'oggetto di tipo `Map` che contiene i dati da scrivere.

Possiamo ora applicare queste informazioni e scrivere in concreto i primi metodi per interagire con il database all'interno della classe `ArticoloDb`.

Il primo oggetto da creare è una `DatabaseFactory`, che permette di aprire un database `Sembast`, dove ogni database è un singolo file.

1. In cima alla classe `ArticoloDb` dichiara una `DatabaseFactory`, chiamandola `dbFactory`, ed assegnagli il `databaseFactoryIo`.

```
DatabaseFactory dbFactory = databaseFactoryIo;
```

2. Dichiara il database:

```
Database? _db;
```

3. Crea il metodo che permetterà di aprire il database: si tratta di un Future, che puoi chiamare `_openDb` (l'underscore sta ad indicare che non vogliamo che questo metodo venga chiamato fuori da questo file), e contrassegnare come asincrono (`async`):
4.

```
Future _openDb() async {}
```

Vogliamo fare in modo che il database venga salvato all'interno della cartella documenti della nostra app.

5. Dichiara una variabile `final`, chiamandola `percorsoDocumenti;`
6. Per recuperare il percorso della cartella richiama il metodo `getApplicationDocumentsDirectory`, preso dalla libreria `path_provider.dart`, che restituisce il path della cartella documenti sul sistema in uso, e assegnalo a percorsoDocumenti:

```
final percorsoDocumenti = await
getApplicationDocumentsDirectory();
```

7. Possiamo ora aggiungere al percorso della cartella il nome del database: per farlo dichiara una variabile, che si chiama `percorsoDb` e utilizziamo il metodo `join`, preso da `path.dart`, per concatenare il percorso con il separatore corretto per ciascun sistema:

```
final percorsoDb = join(percorsoDocumenti.path,
'articoli.db');
```

8. Apri effettivamente il database richiamando il metodo `openDatabase` e passando il percorso appena recuperato:

```
final db = await dbFactory.openDatabase(percorsoDb);
```

9. Infine, restituisci il database appena aperto:

```
return db;
```

Il metodo `_opendDb` quindi serve ad aprire il database ed è un **prerequisito** prima di poter leggere o scrivere dati sul database (occorre sempre aprire un database prima di poterlo utilizzare).

Il database è il primo elemento necessario, ma per poter richiamare i metodi di lettura e scrittura occorre specificare la **posizione interna al database dove salvare il file**. Come abbiamo visto uno `Store` è una sorta di "cartella" all'interno del database: gli `Store` sono insiemi di `Map` che vengono salvate su disco e i valori dei `Map` sono oggetti di tipo `Articolo`.

1. Aggiungi una dichiarazione, in cima alla classe `ArticoloDb`, che specifichi che vogliamo salvare tutti i nostri dati nel percorso `articoli`: si tratta di una costante, chiamata `store`, che richiama il metodo `store` di `intMapStoreFactory`, passando `articoli`:

```
final store = intMapStoreFactory.store('articoli');
```

A questo punto siamo pronti ad inserire il primo articolo all'interno del database.

2. Crea un nuovo metodo asincrono, chiamato `inserisciArticolo`, che prende un oggetto di tipo `Articolo` e restituisce un `Future`:

```
Future inserisciArticolo(Articolo articolo) async {}
```

3. Provvisoriamente, apri il database direttamente da qui: quindi in `inserisciArticolo`, dichiara un `Database`, chiamato `db`, che attende la chiamata di `_openDb`:

```
Database db = await _openDb();
```

4. Inserisci l'`Articolo` passato alla funzione nel database:

```
int id = await store.add(db!,

articolo.trasformaInMap());
```

Nota che quando si passa un valore nullable ad un parametro **non** nullable si può usare il punto esclamativo (ad es. `db!`).

5. Il metodo `add` restituisce un intero che rappresenta un identificativo univoco per il dato inserito. Restituisci al chiamante questo valore:

```
return id;
```

Personalmente non amo scrivere centinaia di righe di codice prima di provare un'app, perché è assolutamente normale fare degli errori mentre si scrive. Se il codice scritto è tanto, diventa esponenzialmente più complesso individuare e risolvere i problemi. In effetti la classe `ArticoloDb` non è ancora completa: abbiamo scritto i metodi per aprire il database e aggiungere nuovi dati, ma non c'è ancora nessuna funzione per leggere i dati inseriti o aggiornare e cancellare un articolo esistente. Ciò nonostante, è opportuno provare comunque il codice che abbiamo scritto, per vedere se tutto funziona come ci aspettiamo. Quello che possiamo fare in questa fase è provare ad aprire il database e aggiungere un nuovo elemento. Poiché quando si aggiunge un elemento viene restituito un `id`, possiamo vedere se l'`id` viene restituito e magari mostrarlo in un widget di tipo `Text` all'interno dello schermo.

Per farlo dovremo modificare il `main.dart`.

1. Per cominciare, elimina lo Stateful Widget dell'applicazione di prova;
2. Elimina anche i commenti, in modo da partire con un `main` "pulito".
3. Nella home di `MaterialApp` richiama un widget che si chiama `ProvaDb`, che creerai nel prossimo passaggio.

Il codice di `main.dart` quindi sarà simile a quello indicato qui sotto:

```
import 'package:flutter/material.dart';
void main() {
  runApp(MyApp());
```

```
}
class MyApp extends StatelessWidget {

const MyApp({super.key});

  @override
  Widget build(BuildContext context) {
    return MaterialApp(
      title: 'SpesApp',
      theme: ThemeData(
        primarySwatch: Colors.blue,
      ),
      home: ProvaDb(),
    );
  }
}
```

4. In cima a `main.dart`, aggiungi un `import` per il file `articolo_db.dart`:

```
import './dati/articolo_db.dart';
```

5. In fondo al `main.dart`, utilizzando la scorciatoia (*shortcut*) `stful`, crea un nuovo `Stateful` widget, chiamato `ProvaDb`. Il widget sarà creato dall'editor come indicato qui sotto:

```
class ProvaDb extends StatefulWidget {
const ProvaDb({super.key});

  @override
  _ProvaDbState createState() => _ProvaDbState();
}
class _ProvaDbState extends State<ProvaDb> {
  @override
  Widget build(BuildContext context) {
    return Container();
```

```
  }
}
```

6. In cima a _ProvaDbState, crea una variabile di stato di tipo intero, con nome “id”.

```
int id = 0;
```

7. Sempre all’interno di `_ProvaDbState`, crea un nuovo metodo asincrono, chiamandolo `provaDb`: al suo interno, crea un’istanza di `ArticoloDb`, poi un articolo di prova (precisamente 2Kg di arance da spremuta, perché fanno bene).
8. Chiama `inserisciArticolo` sull’istanza di `ArticoloDb`, passando le arance, e recupera l’id restituito dalla funzione. Infine richiama il metodo `setState` per aggiornare la visualizzazione. Il codice del metodo `provaDb` è indicato qui sotto:
9.

```
Future provaDb() async {
    ArticoloDb articoloDb = ArticoloDb();
    Articolo articolo = Articolo('Arance', '2Kg', 'Da 
Spremuta');
    id = await articoloDb.inserisciArticolo(articolo);
    setState(() {
      id = id;
    });
  }
```

10. Ora fai un `override` del metodo `initState`, e al suo interno richiama `provaDb`:

```
@override
void initState() {
  provaDb();
  super.initState();
```

```
}
```

11. Infine nel metodo `build`, nel body dello `Scaffold`, posiziona una casella di testo centrata, che visualizzi il numero dell'`id` che abbiamo ottenuto dall'operazione di inserimento.

```
body: Center(
  child: Container(child: Text(id.toString())),
),
```

A questo punto possiamo eseguire l'app. Nella finestra del nostro dispositivo dovremmo vedere un numero intero. Questo vuol dire che siamo riusciti ad inserire un dato all'interno del database!

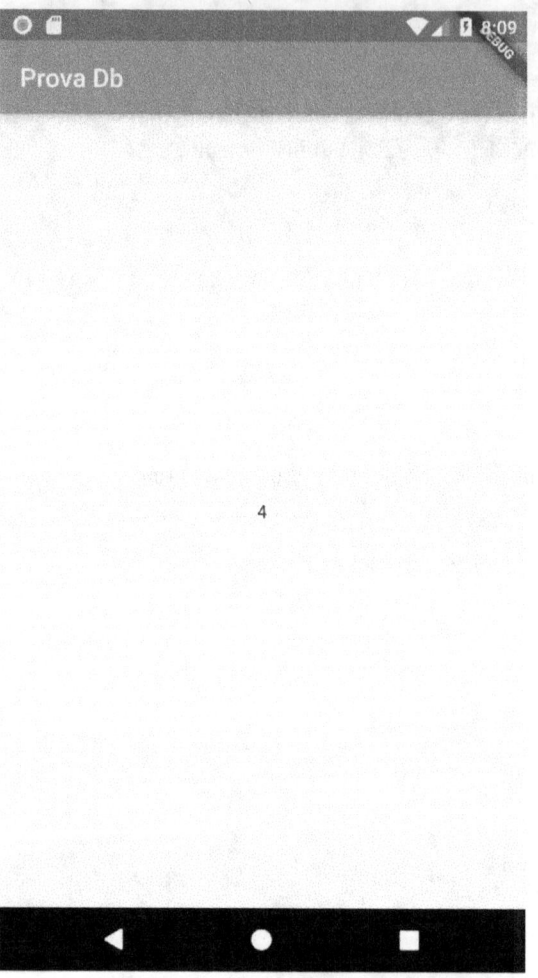
8:09
DEBUG
Prova Db
4

Leggere dati con Sembast

Mentre quando si inserisce un nuovo dato all'interno di un database basta individuare lo Store e il Database, per leggere, modificare o eliminare dati c'è bisogno di un passaggio in più: oltre allo store e al database, occorre individuare il dato, o i dati, da leggere, modificare o eliminare.

In Sembast questo avviene con l'oggetto **`Finder`**, che permette di selezionare e ordinare i dati prima di leggerli o modificarli.

In questa sezione aggiungeremo alla nostra app la possibilità di leggere i dati inseriti e mostrarli all'utente.

I passaggi necessari alla lettura di dati da un database `Sembast` sono illustrati nell'immagine qui sotto:

```
final finder = Finder(sortOrders: [
      SortOrder('id'),
]);
```

← Crea un oggetto Finder, che permette di ricercare e ordinare dati all'interno di uno Store

```
final articoliSnapshot = await store.find(
_db, finder: finder);
```

← Chiama il metodo find sullo store, passando il database e il Finder, per ottenere uno Snapshot dei dati.

```
return articoliSnapshot.map((snapshot) {
   final articolo = Articolo.daMap(
         snapshot.value);
   articolo.id = snapshot.key;
   return articolo;
}).toList();
```

← Chiama il metodo map sullo snapshot per creare oggetti di tipo Articolo dall'insieme di Map restituite dal metodo find.

- Per prima cosa si crea un'istanza di Finder, che permette di filtrare o ordinare i dati. Nell'esempio sulla slide i dati vengono ordinati con la proprietà `sortOrders`, in base all'id del dato.
- Successivamente si chiama il metodo `find` sullo store, passando un oggetto di tipo `Database` e il `Finder`: questo restituisce un oggetto di tipo `Snapshot`, che contiene un insieme di oggetti `Map`.
- Infine si chiama il metodo `map` sullo `Snapshot` ottenuto: questo permette di trasformare ciascun elemento recuperato in un oggetto (in questo caso un `Articolo`). A questo si può accodare il metodo `toList` per trasformare il risultato del metodo `map` in un oggetto di tipo `List`, che verrà poi utilizzato per mostrare i dati all'utente.

Vediamo in concreto come aggiungere la parte di lettura dei dati alla nostra app.

1. Nella classe `ArticoloDb` all'interno del file `articolo_db.dart`, aggiungi un nuovo metodo asincrono, che restituisce un `Future` di una `List` di `Articolo`, e si chiama `leggiArticoli`:
2. Al suo interno, provvisoriamente attendi l'apertura del database:

```
Future<List<Articolo>> leggiArticoli() async {
  Database db = await _openDb();
}
```

3. Crea il `Finder` che permetterà di ordinare i dati in base al campo id:

```
final finder = Finder(sortOrders: [
  SortOrder('id'),
]);
```

4. Richiama il metodo `find` per ottenere uno `Snapshot` dei dati dal database.

```
final articoliSnapshot = await store.find(db, finder:
finder);
```

5. Restituisci il risultato della chiamata di `map` sullo `Snapshot`; nel metodo passato all'interno di `map`, dichiara un'istanza di `Articolo`, che per ciascun elemento all'interno dello `Snapshot`, chiama il costruttore `Articolo.daMap`.
6. Aggiungi l'id all'`Articolo`, preso dalla proprietà `key` dell'elemento, e restituisci l'`Articolo`.
7. Infine trasforma il risultato della chiamata a `map` in un oggetto di tipo `List` con una chiamata al metodo `toList`. Il codice degli ultimi tre punti è mostrato qui sotto:

```
return articoliSnapshot.map((elemento) {
  final articolo = Articolo.daMap(elemento.value);
  articolo.id = elemento.key;
  return articolo;
}).toList();
```

La funzione che legge i dati nel database è pronta. A questo punto occorre visualizzare i dati letti dal database nella schermata iniziale.

Mostrare i dati recuperati dal database in una ListView

Quello che vogliamo ottenere è una `ListView`, che contenga un insieme di `ListTile` con i dati degli articoli che compongono la lista della spesa. L'aspetto finale della schermata è simile alla figura qui sotto:

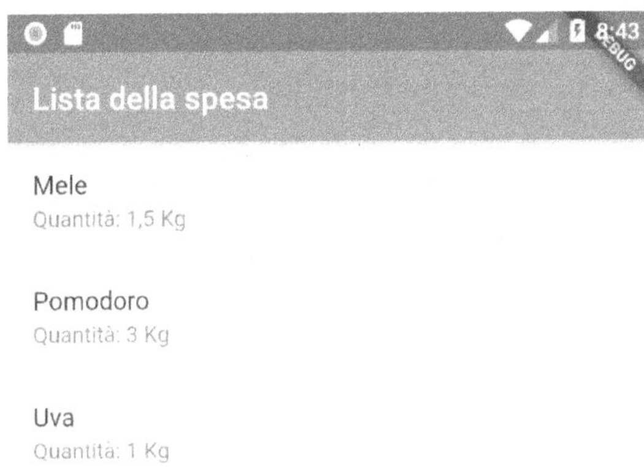

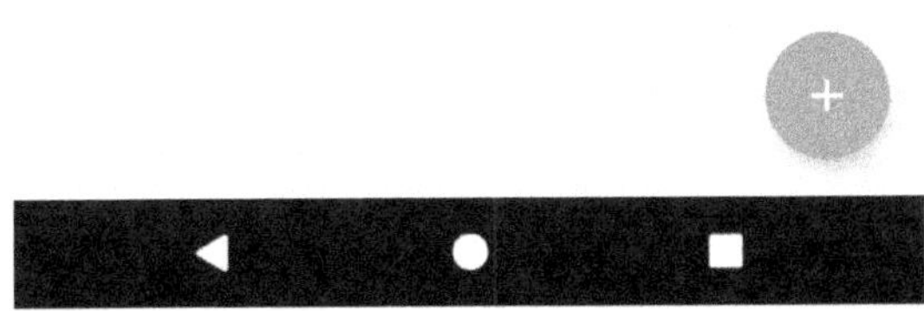

1. Crea una nuova directory nella cartella `lib` del progetto, chiamandola `pagine`.
2. All'interno di pagine, crea un nuovo file: `lista_articoli.dart`.

3. All'interno di `listarticoli.dart`, importa `material.dart`, poi i nostri `articoli.dart` e `articolo_db.dart`:

```
import '../dati/articolo.dart';
import 'package:flutter/material.dart';
import '../dati/articolo_db.dart';
```

4. Ora crea uno `Stateful` widget, che conterrà la pagina con la lista degli articoli da visualizzare: chiama la classe `ListaArticoli`:

```
class ListaArticoli extends StatefulWidget {
  const ListaArticoli({super.key});

  @override
  _ListaArticoliState createState() =>
_ListaArticoliState();
}


class _ListaArticoliState extends State<ListaArticoli>
{
@override
  Widget build(BuildContext context) {
    return Container();
  }
}
```

5. In cima a `_ListaArticoliState`, dichiara una variabile di tipo `ArticoloDb`. Questa servirà per richiamare il metodo `leggiArticoli` (e più avanti anche il metodo per cancellare un elemento dal database).

```
late ArticoloDb db;
```

6. In fondo a _ListaArticoliState, crea un metodo asincrono che permetta di leggere gli articoli. Anche in questo caso si può chiamare leggiArticoli.
7. Al suo interno, crea una lista di tipo Articolo, chiamata articoli, che attende l'esecuzione di db.leggiArticoli e restituisce il risultato ottenuto.

```
Future leggiArticoli() async {
  List<Articolo> articoli = await db.leggiArticoli();
  return articoli;
}
```

8. In questo momento db non è stato ancora istanziato. Possiamo farlo nell'initState. Quindi aggiungi un override a initState, e al suo interno istanzia db, come mostrato sotto:
9.

```
@override
void initState()
  db = ArticoloDb();
  super.initState();
}
```

10. Nel metodo build, invece di restituire un Container, come al solito restituisci uno Scaffold.
11. Nell'AppBar scrivi come titolo "Lista della spesa", mentre nel body aggiungi un FutureBuilder. Il FutureBuilder permette di generare un interfaccia grafica in base al contenuto di un Future:

```
Widget build(BuildContext context) {
  return Scaffold(
    appBar: AppBar(
```

```
      title: const Text('Lista della spesa'),
    ),
    body: FutureBuilder()
  );
}
```

12. Nella proprietà `future` del `FutureBuilder` inserisci una chiamata al metodo `leggiArticoli`:

```
future: leggiArticoli(),
```

13. Aggiungi la proprietà `builder` , che accetta un `BuildContext` e un `AsyncSnapshot`:

```
builder: (context, snapshot) {}
```

14. All'interno del metodo in `builder`, crea una lista di tipo `Articolo`, che prende il contenuto dello `Snapshot`, disponibile nella proprietà `data` oppure una lista vuota se `data` è null:

```
List<Articolo> lista = snapshot.data ?? [];
```

15. Restituisci un `ListView`, utilizzando il suo costruttore `builder`. Aggiungi al metodo `build` il codice qui sotto:

```
return ListView.builder(
  itemCount: lista.length,
  itemBuilder: (_, index) {
    return ListTile(
      title: Text(lista[index].nome),
      subtitle: Text(
'Quantità ${lista[index].quantita} - Note
${lista[index].note ?? ''}'),
```

```
onTap: () {     );
});
```

Il costruttore `ListView.builder` richiede il parametro `itemCount` che specifica il numero di elementi contenuti nel `ListView`: qui passiamo la lunghezza della lista: `lista.length`;

Nel parametro `itemBuilder` invece abbiamo aggiunto una funzione, che al suo interno restituisce un `ListTile`.

All'interno del `ListTile`, abbiamo specificato il `title`, un titolo che contiene un `Text` che a sua volta contiene il valore della proprietà `nome` dell'`Articolo` presente alla posizione `index` all'interno della lista.

Anche come `subTitle` abbiamo inserito un `Text`. Al suo interno eseguiamo un'interpolazione: passiamo la stringa "quantità", poi il valore della proprietà `quantita` dell'articolo, poi la stringa " - Note " e il valore di `note` o una stringa vuota se è `null`.

A questo punto possiamo eseguire nuovamente l'app: il risultato finale dovrebbe essere simile a quello illustrato qui sotto (il numero di articoli dipende da quante volte è stato eseguito il codice nella sezione precedente, ma dovrebbe contenere almeno un articolo).

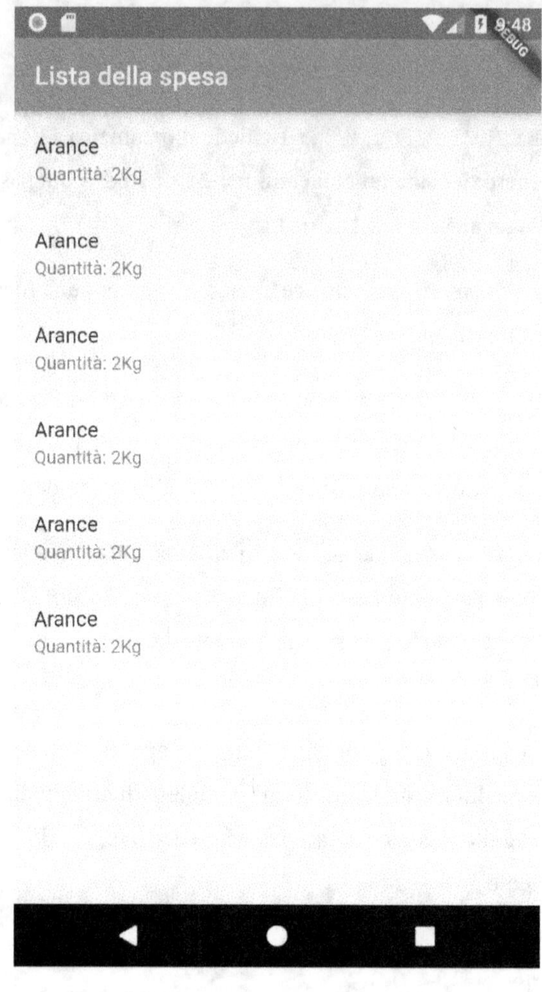

Siamo finalmente in grado di leggere i dati e mostrarli all’utente.

Ora dobbiamo dare all'utente la possibilità di inserire un nuovo elemento nella lista in autonomia, mentre sul database dobbiamo aggiungere due azioni fondamentali: la possibilità di eliminare un elemento e di modificare un elemento esistente.

Vedremo come nella prossima sezione.

Modificare ed eliminare dati con Sembast

Abbiamo visto che in uno store di `Sembast` il metodo `add` permette di **creare** un nuovo documento, mentre il metodo `find` permette di **ricercare** elementi esistenti. Ci sono altri due metodi per completare le azioni principali che possiamo fare sui dati: **modificare** e **cancellare** un elemento esistente.

L'insieme di aggiunta, lettura, modifica e cancellazione dei dati vengono comunemente chiamate **CRUD**: Create, Read, Update e Delete.

I passaggi necessari alla modifica e cancellazione dei dati da un database `Sembast` sono illustrati nella slide qui sotto:

```
final finder = Finder(
  filter: Filter.byKey(articolo.id));
```

← Utilizza il Finder, per cercare un dato con il suo id

```
await store.update(
   _db,
   articolo.trasformaInMap(),
   finder: finder);
```

← Aggiorna il dato con il metodo update, passando il db, la mappa del dato da modificare, e il Finde

```
final finder = Finder(
  filter: Filter.byKey(articolo.id));

await store.delete(_db, finder: finder);
```

← Chiama il metodo delete, passando il database e il finder, per eliminare il dato.

Come per la lettura dei dati, per modificare un elemento esistente è necessario utilizzare un `Finder`: la proprietà **`filter`** del `Finder` permette di selezionare (filtrare) solo alcuni tra i dati esistenti. In particolare, nell'esempio nella slide l'istruzione `Filter.byKey(articolo.id)` permette di recuperare soltanto il singolo elemento che ha per chiave l'`id` dell'articolo.

A questo punto è possibile chiamare il metodo **`update`**, a cui si passano tre parametri: il database, un oggetto di tipo `Map` contenente i dati aggiornati, che andranno a sostituire i dati esistenti, e il `Finder`, che specifica quali dati saranno modificati.

I passaggi per eliminare dati esistenti in realtà sono molto simili: si imposta un `Finder` per scegliere quali elementi eliminare e si chiama il metodo **`delete`**. Questa volta i parametri necessari sono solo due: il database sul quale i dati verranno eliminati e il `Finder` che filtra quali dati saranno eliminati.

Nei prossimi passaggi aggiungeremo al nostro progetto i metodi per modificare e cancellare i dati dal database.

1. Nel file `articolo_db.dart`, nella classe `ArticoloDb`, aggiungi un metodo asincrono, chiamato `aggiornaArticolo`, che accetta come parametro un `Articolo`;
2. Al suo interno, chiama il metodo `_openDb`, con l'istruzione `await`, per ottenere il `Database` (nota: questa operazione sarà rimossa più avanti);
3. Sempre all'interno di `aggiornaArticolo`, dichiara un oggetto di tipo `Finder`, applicando un `filter` per selezionare solo il singolo dato che ha per chiave (`Filter.byKey`) l'id dell'articolo che è stato passato come parametro;
4. Infine, richiama il metodo `update` sullo `store`, passando il `database`, l'articolo trasformato in `Map` e il `Finder` appena creato. Il codice completo di `aggiornaArticolo` è mostrato qui sotto:

```
Future aggiornaArticolo(Articolo articolo) async {
    Database db = await _openDb();
    final finder = Finder(filter:
Filter.byKey(articolo.id));
    await store.update(db!, articolo.trasformaInMap(),
finder: finder);
  }
```

5. In modo simile, crea un altro metodo asincrono per **cancellare** un dato esistente: possiamo prevedibilmente chiamarlo `eliminaArticolo`. Anche questo metodo prende come parametro un oggetto di tipo `Articolo`.
6. Dopo aver aperto il database e averne ottenuto un'istanza, anche qui utilizziamo un `Finder` per individuare il singolo elemento da modificare.
7. Stavolta chiameremo il metodo `delete` sullo store, passando il database e il `Finder`. Il codice completo di `eliminaArticolo` è mostrato qui sotto:

```
Future eliminaArticolo(Articolo articolo) async {
```

```
    Database db = await _openDb();
    final finder = Finder(filter:
Filter.byKey(articolo.id));
    await store.delete(db!, finder: finder);
  }
```

Aggiungeremo ora un ultimo metodo nella classe `ArticoloDb`, che permetta di cancellare tutti i dati contemporaneamente. In fondo potrebbe essere comodo, per il nostro utente, avere una funzione che elimina direttamente tutta la lista della spesa.

8. Crea un nuovo metodo `eliminaDatiDb`.
9. Al suo interno è tutto molto semplice: recupera il database e chiama il metodo `delete` passando solo il database, senza nessun `Finder`. Mancando il `Finder` che permette di filtrare i dati, **tutti i dati presenti nel database passato alla funzione verranno eliminati**.

```
Future eliminaDatiDb() async {
  Database db = await _openDb();
  await store.delete(db);
}
```

Ora le funzioni per leggere, aggiungere, modificare ed eliminare i dati sono tutte pronte. Non ci resta che richiamarle nell'interfaccia grafica della nostra app.

Creare la schermata di modifica di un Articolo

Per permettere all'utente di aggiungere e modificare un Articolo, dovremo creare una pagina con delle caselle di testo dove l'utente possa scrivere i valori di nome, quantità e note.

Quando si tratta di un nuovo articolo, le caselle inizialmente saranno vuote. In caso di modifica invece conterranno il dato attuale, prima della modifica. Il risultato che vogliamo ottenere è simile a quello mostrato nell'immagine qui sotto:

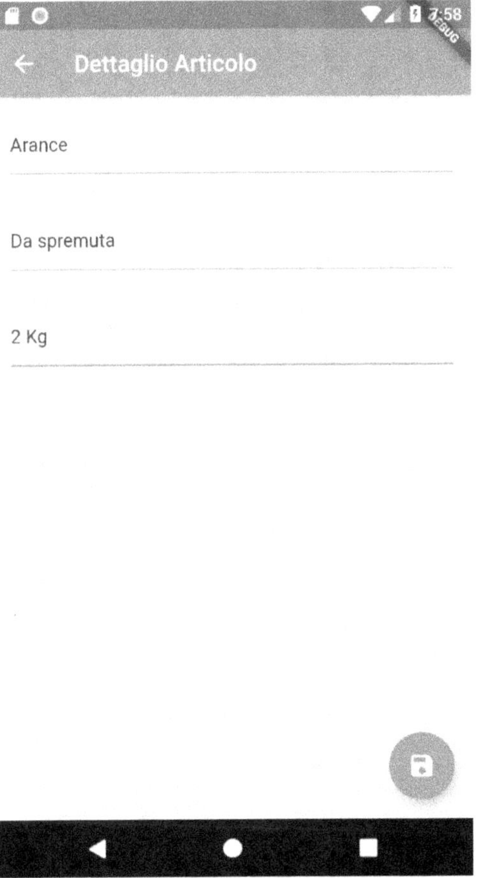

Si richiamerà questa pagina esclusivamente dalla lista degli articoli, in due modi: se l'utente clicca su uno degli articoli della lista, la pagina verrà richiamata in "modifica", mentre se premerà un pulsante per creare un nuovo articolo, verrà richiamata in modalità "inserimento".

Non c'è bisogno di due pagine diverse per aggiungere e modificare un articolo: possiamo riutilizzare lo stesso Widget per entrambe le funzioni.

1. Crea un nuovo file nella cartella pagine del nostro progetto: il nome è `articolo.dart`.
2. All'interno di `articolo.dart`, importa i file necessari al funzionamento della pagina: il `material.dart` per i widget, `articolo.dart`, che contiene la classe `Articolo`, `articolo_db.dart` per operazioni di lettura e scrittura del database, e `lista_articolo.dart` che serve per poter tornare alla lista degli articoli dopo aver salvato le modifiche sull'articolo:

```
import 'package:flutter/material.dart';
import '../dati/articolo.dart';
import '../dati/articolo_db.dart';
import './lista_articoli.dart';
```

3. Crea uno Stateful widget digitando il comando `stful`: questo widget sarà chiamato `PaginaArticolo`:

```
class PaginaArticolo extends StatefulWidget {
const PaginaArticolo({super.key});

  @override
  _PaginaArticoloState createState() =>
_PaginaArticoloState();
}

class _PaginaArticoloState extends
State<PaginaArticolo> {
```

```
  @override
  Widget build(BuildContext context) {
    return Container(

    );
  }
}
```

PaginaArticolo verrà richiamato sempre dalla pagina della lista degli articoli. Nel momento in cui richiameremo la nuova pagina, dovremo passare la modalità, inserimento o modifica, e un Articolo: nuovo o già esistente.

4. Quindi in cima alla classe PaginaArticolo aggiungi la dichiarazione di un Articolo e un booleano che indica se si tratta di un nuovo Articolo oppure no
5. Modifica il costruttore che in modo da accettare i due valori in input:

```
final Articolo articolo;
final bool nuovo;
PaginaArticolo(this.articolo, this.nuovo,
{super.key});
```

6. In cima alla classe dello State, per controllare il contenuto delle caselle di testo che più avanti inseriremo nell'interfaccia grafica, aggiungi tre TextEditingController: uno per il nome dell'articolo, txtNome, uno per le note, txtNote, e uno per la quantità, txtQuantitita:

```
final txtNome = TextEditingController();
final txtNote = TextEditingController();
final txtQuantita = TextEditingController();
```

7. Nel metodo `build`, restituisci uno `Scaffold`;
8. Nell'`appBar` dello `Scaffold` metti come titolo il testo "Dettaglio Articolo" e nel `body` inserisci un `SingleChildScrollView`, il widget che rende il suo contenuto "scrollabile" quando è più grande dello spazio disponibile sullo schermo:

```
Widget build(BuildContext context) {
   return Scaffold(
      appBar: AppBar(
        title: const Text('Dettaglio Articolo'),
      ),
      body: SingleChildScrollView()
    );
  }
```

Le tre caselle di testo che inseriremo in questa finestra saranno molto simili tra loro: avranno lo stesso `Padding` (ovvero lo spazio tra il contenuto e il bordo), saranno associate ad uno dei `TextEditingController` che abbiamo impostato sopra e conterranno un suggerimento (*hint*) all'utente per indicare il contenuto richiesto in ciascuna casella (quindi nome, note o quantità).

Invece di ripetere lo stesso codice quasi identico per tre volte, in questi casi è possibile (e fortemente consigliato) creare un widget dedicato allo scopo: questo rende il codice più facile da leggere e da manutenere ed evita inutili ripetizioni.

9. In fondo al file `articolo.dart`, crea un nuovo Stateless widget, digitando il comando `stless` e chiama il widget "CasellaTesto";
10. Qui dichiara due variabili `final`: un `TextEditingController` chiamato `controller`, e una stringa con nome `titolo`;
11. Crea un costruttore che permetta di impostare i valori per i due campi della classe: `controller` e `titolo`;
12. Nel metodo `build` restituisci un `Padding`, che il widget che permette di creare uno spazio tra il contenuto dell'elemento e il suo bordo;

13. Nella proprietà `padding` crea uno spazio su tutti i lati della casella, utilizzando `EdgeInsets.all` e passando il valore di 16 pixel (in effetti non si tratta esattamente di pixel, ma pixel **relativi** al dispositivo);
14. Come `child` inserisci un `TextField`, che disegna una casella di testo: a questa associa il `TextEditingController` passato come parametro;
15. Come `decoration`, metti un `InputDecoration` che contiene un `hintText`. `hintText` è un testo che compare all'interno della casella prima di scrivere effettivamente il valore: si tratta di un suggerimento per l'utente. Il valore di `hintText` sarà `titolo`, che è la stringa passata al widget. In pratica suggeriremo all'utente cosa ci aspettiamo che scriva: se si tratta del nome, delle note o della quantità.

Il risultato finale del widget `CasellaTesto` è mostrato qui sotto:

```
class CasellaTesto extends StatelessWidget {
  final TextEditingController controller;
  final String titolo;
  const CasellaTesto(this.controller, this.titolo,
{super.key});

  @override
  Widget build(BuildContext context) {
    return Padding(
      padding: const EdgeInsets.all(16),
      child: TextField(
          controller: controller,
          decoration: InputDecoration(
            hintText: titolo)),
    );
  }
```

}

Ora dovremo semplicemente inserire le caselle di testo all'interno della finestra.

16. Nel metodo `build`, all'interno del `SingleChildScrollView`, inserisci una `Column`, che come `children` ha tre istanze di `CasellaTesto`: la prima passa come `TextEditingController` `txtNome` e come suggerimento "Nome"; la seconda passa `txtNote` e "Note", e l'ultima `txtQuantita` e "Quantità".

```
body: SingleChildScrollView(
  child: Column(
    children: [
      CasellaTesto(txtNome, 'Nome'),
      CasellaTesto(txtNote, 'Note'),
      CasellaTesto(txtQuantita, 'Quantità'),
    ],
  ),
),
```

17. Ora aggiungi un `override` del metodo `InitState` per impostare i valori iniziali
18. All'interno di initState, se si tratta di un `Articolo` in modifica (quindi se il valore di `nuovo` è `false`), inserisci all'interno dei `TextEditingController` i valori dell'istanza di `Articolo` che è stata passata. **Per accedere ai valori del Widget dalla classe State, basta specificare l'oggetto `widget`;**
19. Se non si tratta di un nuovo Articolo, imposta `txtNome` in modo da leggere la proprietà nome.
20. Per `txtNote` inserisci le note dell'`Articolo`, e se il suo valore è `null`, imposta una stringa vuota;
21. Per `txtQuantita` inserisci la quantità.
22. Il codice completo di `initState` è riportato qui sotto:

```
@override
void initState() {
  if (!widget.nuovo) {
    txtNome.text = widget.articolo.nome;
    txtNote.text = widget.articolo.note ?? '';
    txtQuantita.text = widget.articolo.quantita;
  }
  super.initState();
}
```

A questo punto manca pochissimo: dobbiamo solo creare un pulsante che una volta premuto richiami il metodo che scrive l'articolo nella lista della spesa e poi torni alla pagina che contiene la Lista.

23. In `_PaginaArticoloState`, aggiungi il metodo, che in una scintilla di creatività chiameremo `salvaArticolo`:

```
Future salvaArticolo() async {}
```

24. All'interno di `salvaArticolo`, inserisci una chiamata alla classe `ArticoloDb`, che come ricorderai contiene i metodi di lettura e scrittura sul database;
25.

```
ArticoloDb db = ArticoloDb();
```

26. Aggiorna l'oggetto di tipo `Articolo` che è stato passato al widget con i dati presenti nelle caselle di testo:

```
widget.articolo.nome = txtNome.text;
widget.articolo.note = txtNote.text;
widget.articolo.quantita = txtQuantita.text;
```

Ora dobbiamo controllare se la pagina è stata chiamata per un nuovo inserimento o per la modifica di un elemento esistente. Questa informazione è contenuta nella variabile booleana *nuovo*.

27. Se si tratta di un nuovo articolo, richiama il metodo `inserisciArticolo`, passando l'`Articolo` aggiornato;
28. In caso contrario, quindi se si tratta di una modifica di un `Articolo` esistente, chiama `aggiornaArticolo`:
29.

```
if (widget.nuovo) {
    await db.inserisciArticolo(widget.articolo);
  } else {
    await db.aggiornaArticolo(widget.articolo);
}
```

30. Dopo l'inserimento o la modifica, richiama il metodo `push` di `Navigator` per tornare alla pagina della lista degli articoli:

```
Navigator.push(
  context,

MaterialPageRoute(builder: (context) => ListaArticoli(
)),
);
```

31. Ora nello `Scaffold` della pagina, crea un pulsante che richiami il metodo `salvaArticolo`. In questo caso utilizzeremo un `FloatingActionButton`, che secondo le linee guida del Material Design, rappresenta l'azione principale sullo schermo. In effetti, salvare è l'unica azione di questa schermata;
32. In fondo allo `Scaffold` quindi, nel parametro `floatingActionButton`, aggiungi il pulsante con un icona del

simbolo del salvataggio (*save*), che quando premuto richiami il metodo `salvaArticolo`;

33. Nota che `salvaArticolo` viene scritto **senza** la doppia parentesi tonda che identifica i metodi, perché questo metodo **non deve essere eseguito, ma semplicemente passato** al `FloatingActionButton`.

```
floatingActionButton: FloatingActionButton(
  child: const Icon(Icons.save),
  onPressed: salvaArticolo,
)
```

La pagina di dettaglio dell'Articolo è pronta. A questo punto dobbiamo richiamarla dalla pagina della lista degli articoli.

Collegare ListaArticoli alla PaginaArticolo

Per collegare la pagina `ListaArticoli` alla pagina di modifica dobbiamo scegliere le azioni che deve compiere l'utente per accedere a `PaginaArticolo`.

Anche qui possiamo inserire un `FloatingActionButton` per quando l'utente vuole inserire un nuovo `Articolo`. Quando invece l'utente vuole modificare un `Articolo` esistente, intercetteremo la pressione di uno degli elementi della lista.

Cominciamo con il `FloatingActionButton`.

1. Nel file `listaArticoli.dart`, nel metodo `build()`, aggiungi allo `Scaffold` un `FloatingActionButton`, che ha per `child` un'icona che indichi l'aggiunta di un nuovo elemento (`Icons.add`):

2.

```
floatingActionButton: FloatingActionButton(
  child: const Icon(Icons.add),
)
```

3. Nel parametro `onPressed` utilizza il `Navigator` per richiamare il metodo `push`, passando il contesto di esecuzione corrente e un `MaterialPageRoute` che porti alla classe `PaginaArticolo`, passando un **nuovo** Articolo e il valore `true` per indicare che si tratta di un inserimento:

```
onPressed: () {
  Navigator.push(
    context,
    MaterialPageRoute(
      builder: (context) =>
        PaginaArticolo(Articolo('', '', ''), true)),
  );
}
```

4. Per la modifica invece aggiungi al `ListTile` dentro il `ListView` la gestione dell'evento `onTap`;
5. Qui crea una funzione che richiami il metodo push di Navigator, passando il contesto di esecuzione corrente e un `MaterialPageRoute` che porti alla classe `PaginaArticolo`, stavolta passando l'`Articolo` che è stato premuto, e il valore `false` per indicare che si tratta della modifica di un articolo esistente:

```
onTap: () {
  Navigator.push(
    context,
    MaterialPageRoute(
```

```
        builder: (context) =>
PaginaArticolo(lista[index], false)),
);
```

6. A questo punto esegui l'applicazione per controllare che tutto funzioni come previsto.
7. Premi il `FloatingActionButton` per accedere alla funzionalità di inserimento di un nuovo articolo;
8. Nella pagina di dettaglio dell'articolo inserisci un nuovo articolo da aggiungere alla lista, ad esempio 2 Kg di mele verdi, come indicato nell'immagine qui sotto:

7:56
DEBUG
Dettaglio Articolo
Mele
Verdi
2 Kg
Kg
Lg
LG
?123

9. Salva l'articolo premendo il `FloatingActionButton` con l'icona del salvataggio: questo dovrebbe farti tornare alla lista, che conterrà il nuovo elemento;
10. Procedi nello stesso modo per testare la modifica: premi uno degli elementi della lista e modifica nome, quantità e note, poi salva;
11. Dopo il salvataggio dovresti vedere le modifiche riflesse nella lista.

Ci rimane una sola funzione da aggiungere all'interfaccia: la cancellazione di uno o tutti gli elementi della lista della spesa. Lo faremo nella prossima sezione.

Eliminare gli articoli dalla lista

C'è un widget estremamente comodo per eliminare un elemento da una `ListView`: è il `Dismissible`. Si tratta di un widget che intercetta il trascinamento (*swipe*) verso destra e verso sinistra, su cui si può poi aggiungere il metodo che richiama la cancellazione di un dato dal database.

Grazie al widget `Dismissible`, Flutter rende l'azione di cancellare un dato estremamente intuitiva. In più include anche una gradevole animazione durante la scomparsa dell'elemento dalla lista.

Vediamo come aggiungere `Dismissible` nel nostro codice.

1. Nell'`itemBuilder` del `ListView`, in questo momento viene restituito un `ListTile`. Fai click con il tasto destro sul `ListTile` e dal menu contestuale seleziona la voce "`Refactor`", poi "`wrap with widget`", che vuol dire *includi in un widget.*
2. Il `ListTile` verrà circondato da un elemento chiamato `widget`. Sostituisci la parola `widget` con `Dismissible`. A questo punto sono state aggiunte tutte le parentesi di apertura e chiusura e il parametro `child`. E' una tecnica che fa risparmiare tempo e previene

errori soprattutto con la gestione delle parentesi (sono certo avrai avuto modo di scontrarti con le parentesi visto che hai seguito fin qui!).
3. Un `Dismissible` richiede di impostare un `key` e l'evento `onDismissed`. Per il `key` metti semplicemente l'`id` dell'articolo trasformato in stringa.
4. Per `onDismissed` invece richiama il metodo `eliminaArticolo` passando l'`Articolo` da eliminare:

```
key: Key(lista[index].id.toString()),
onDismissed: (_) {
  db.eliminaArticolo(lista[index]);
},
```

Per finire, aggiungi anche una funzione per eliminare contemporaneamente tutti gli elementi della lista della spesa, creando un nuovo metodo nella classe `_ListaArticoliState`, chiamato `cancellaTutto`:

```
void cancellaTutto()  {}
```

In realtà qui basterebbe chiamare il metodo di `ArticoliDb` che elimina tutti i dati, ma visto che l'operazione è irreversibile, sarebbe davvero un peccato se l'utente premesse per errore il pulsante per eliminare tutto e si ritrovasse immediatamente senza lista della spesa.

Una possibile soluzione è creare un `AlertDialog`: è un widget che si usa per dare un feedback o richiedere qualche semplice informazione o conferma all'utente. Si tratta di una finestra che copre soltanto una parte dello schermo e si posiziona sopra la schermata attualmente visibile.

Esempi di utilizzo includono il dare un avviso all'utente ("ordine completato con successo") oppure richiedere una conferma, come nel nostro caso.

Prima di eliminare effettivamente i dati dal database, informeremo il nostro utente che l'operazione è irreversibile e gli chiederemo se intende comunque procedere.

Funziona così:

1. In cima al metodo `cancellaTutto` crea un nuovo oggetto di tipo `AlertDialog`, chiamandolo `alert`.
2. Un `AlertDialog` ha un `title` (*titolo*) in cui possiamo inserire un testo con la domanda che vogliamo porre all'utente, un `content` (*contenuto*), con ulteriori indicazioni, e un parametro `actions`, che contiene le azioni della finestra. Aggiungi il codice per impostare `title`, `content` e `actions` dell'AlertDialog:

```
AlertDialog alert = AlertDialog(
      title: const Text("Eliminare tutti gli elementi
della lista?"),
      content: const Text("Questa operazione è
irreversibile."),
      actions: []
);
```

3. All'interno di `actions`, inserisci due `TextButton`: si tratta di pulsanti "testuali". Il primo pulsante avrà come `child` un `Text`, con la stringa "SI".
4. Per ora nella proprietà `onPressed` inserisci un metodo vuoto.
5. Il secondo pulsante avrà come `child` un `Text`, con la stringa "NO".
6. Nell'`onPressed` chiama il metodo `Navigator.pop` per rimuovere la finestra di dialogo: non c'è bisogno di fare altro sul NO, perché l'utente **non ha** confermato l'azione di eliminazione di tutti i dati:

```
TextButton(
  child: const Text('SI'),
  onPressed: () {},
```

```
),
TextButton (
  child: const Text('NO'),
  onPressed: () => Navigator.pop(context),
),
```

Nell'`onPressed` del pulsante con il "SI" invece occorre eliminare i dati. Possiamo farlo utilizzando il metodo `db.eliminaDatiDb`.

7. Chiama il metodo `db.eliminaDatiDb`.
8. Quando l'operazione è conclusa (nel `then`), riaggiorna lo stato del database per ricaricare la lista, che a questo punto dovrebbe essere vuota.
9. Infine, anche qui richiama Navigator.pop per togliere la finestra di dialogo dallo schermo:

```
db.eliminaDatiDb().then((_) {
  setState(() {
    db = ArticoloDb();
  });
});
Navigator.pop(context);
```

10. Per richiamare effettivamente la finestra di dialogo, è chiama il metodo `showDialog`: prende un `context`, il contesto di esecuzione corrente, e un `builder`, in cui si deve restituire l'`AlertDialog` che abbiamo creato sopra.

```
showDialog(
      context: context,
      builder: (BuildContext context) {
        return alert;
      },
    );
```

Infine crea un pulsante che permetta all'utente di eliminare tutti i dati. Stavolta utilizzeremo l'`AppBar`.

`AppBar` ha una proprietà `actions`, che contiene un insieme di "azioni", che possiamo utilizzare per visualizzare dei menu, oppure per inserire pulsanti.

11. Nella proprietà actions dell'`appBar` dello `Scaffold` all'interno di `_ListaArticoliState`, inserisci un `IconButton`. Si tratta di un widget che permette di creare un'icona "cliccabile". Come `icon` imposta il `delete_sweep`, mentre su `onPressed` passa il metodo `cancellaTutto`.

```
actions: [
  IconButton(
    icon: const Icon(Icons.delete_sweep),
    onPressed: cancellaTutto,
  )
],
```

12. Esegui di nuovo l'app e trascina verso sinistra o verso destra un elemento della lista, notando che effettivamente viene rimosso dalla finestra;
13. Prova anche il pulsante per eliminare tutti i dati. Verifica che la finestra di dialogo sia visualizzata correttamente e prova prima il NO, poi il SI.

E con questo le funzioni della nostra app sono tutte disponibili! Ma c'è ancora un piccolo passaggio da aggiungere per migliorare un po' il design della nostra app.

Utilizzare un factory Constructor

In questo momento la nostra app funziona! L'utente può leggere, inserire, modificare e cancellare i dati: in pratica, può utilizzare la lista della spesa correttamente.

A livello di codice però c'è un piccolo difetto, o per meglio dire uno spreco di risorse. In tutti i metodi che hanno a che fare con i dati, nella classe `ArticoloDb`, chiamiamo l'istruzione:

```
Database db = await _openDb();
```

In pratica, prima di leggere, aggiungere, modificare o eliminare un elemento della lista della spesa, **aspettiamo finché non otteniamo un nuovo database Sembast**. Per fare un esempio nella vita reale, è come se al ristorante, per ogni piatto o bevanda che vogliamo ordinare cambiassimo tavolo. Alla fine, avremmo diversi conti, diversi camerieri e avremmo sporcato molti più piatti e bicchieri di quanto utile o necessario: tante risorse (e righe di codice) per un risultato peggiore.

Idealmente, cosa vogliamo ottenere per ottimizzare il codice?

I requisiti potrebbero essere questi:

- All'interno di `ArticoloDb` dovrebbe esserci un unico database: non dovrebbe essere necessario chiamare una nuova istanza ogni volta che dobbiamo leggere o scrivere dati
- All'interno del programma, idealmente dovrebbe esserci un'unica istanza di `ArticoloDb`: non è utile avere tanti oggetti di tipo `ArticoloDb`, visto che uno solo è sufficiente nella vita della nostra app.

Ci sono diversi modi per ottenere questi risultati in Flutter. Quello che propongo qui è il pattern del **factory constructor**.

Facciamo alcune modifiche nel file `articolo_db.dart`:

1. In cima alla classe `ArticoloDb`, crea una variabile `static final`, di tipo `ArticoloDb`, chiamata `_singleton`, che sarà accessibile solo all'interno di questo file.

Il fatto che una variabile sia `static` vuol dire che sarà valida durante l'intero ciclo di vita del programma.

2. Sotto inserisci un costruttore, anche questo privato, chiamato `_internal`:

```
static final ArticoloDb _singleton =
ArticoloDb._internal();

ArticoloDb._internal();
```

3. Ora crea un costruttore **unnamed** (*senza nome*) e pubblico, aggiungendo l'istruzione `factory`. Al suo interno, restituisci l'oggetto `_singleton`:

```
factory ArticoloDb() {
    return _singleton;
}
```

Qui sta il fulcro di questo pattern (*modello di sviluppo*): normalmente un costruttore crea una nuova istanza di una classe. **Con un `factory` constructor invece puoi decidere che cosa restituisce il constructor**: un nuovo oggetto, un oggetto di tipo diverso, o come nel nostro esempio, invece di creare una nuova istanza di `ArticoloDb`, restituiamo sempre la stessa, che è stata messa nella variabile statica `_singleton`.

Il ***singleton pattern*** è un modello di sviluppo software che limita il numero di istanze di una classe ad una singola istanza.
È utile quando un solo oggetto è necessario all'interno di un'applicazione.

Questo risolve il nostro requisito, per cui vogliamo che chiunque richiami `ArticoloDb`, riceva sempre lo stesso oggetto.

Ora rimane il requisito di avere anche un unico Database.

4. Sempre nella classe `ArticoloDb`, appena sotto il costruttore `internal`, aggiungi una variabile privata che conterrà il database:

```
Database? _db;
```

5. Quindi crea un metodo asincrono, che restituisce un `Future` di tipo `Database`.
6. Al suo interno controlliamo se `_db` è `null`. Nel caso sia `null`, apre il database chiamando `_openDb`. Una volta ricevuto il risultato, riempie la variabile `_db` con il database ottenuto. Poi restituisce `_db`.

```
Future<Database> init() async {
      _db ??= await _openDb();
      return _db;
}
```

7. All'inizio del metodo `leggiArticoli`, aggiungi un controllo su `_db`: se è null, richiameremo il metodo `init()`:

```
if (_db == null) {
  await init();
}
```

8. Sempre all'interno di `leggiArticoli`, quando viene chiamato il `find`, passa **_db** invece che `db`:

```
final articoliSnapshot = await store.find(_db, finder:
finder);
```

9. Per tutti gli altri metodi all'interno della classe, **elimina** la riga:

```
Database db = await _openDb();
```

10. Passa `_db`, invece che `db` sulla chiamata allo store. L'operazione deve essere fatta sui metodi `inserisciArticolo`, `aggiornaArticolo`, `eliminaArticolo` ed `eliminaDatiDb`.
11. Ora prova nuovamente l'app. Se tutto funziona correttamente, non noterai differenze, tranne forse il fatto che l'app è leggermente più veloce.
12. E con questo, complimenti, hai appena concluso il progetto più impegnativo di questo libro!

Riepilogo

Il progetto di questo capitolo ha mostrato come salvare dati in un database locale.

In particolare, hai visto come creare classi modello che si interfacciano con il database e come utilizzare il formato JSON per comunicare con Sembast.

Hai visto come leggere e scrivere dati con Sembast, completando i quattro verbi del CRUD: Create, Read, Update e Delete.

Hai creato un'interfaccia grafica per la visualizzazione, l'aggiunta e la modifica dei dati.

Infine, hai visto come utilizzare il factory constructor, che migliora la gestione degli oggetti quando vuoi controllare cosa viene restituito da un costruttore.

Appendice: Null Safety

Null Safety e classi

In questa sezione e nelle prossime utilizzeremo un'app Flutter più realistica invece di Dartpad. Puoi scaricare da GitHub il materiale per questa parte, all'indirizzo https://bit.ly/nullsafe.

In questo momento, **puoi ignorare l'errore che vedi nel progetto**: lo risolveremo a breve.

Questa è un'app composta da una sola schermata, che mostra tutti i paesi del mondo, con la loro capitale, continente e popolazione, come illustrato qui sotto:

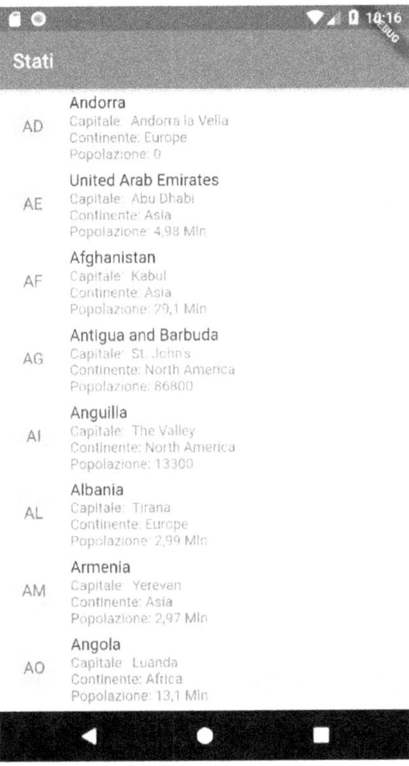

Tutti i dati sono contenuti in un file json , nella cartella delle risorse del progetto, nel file `stati.json`.

Nella cartella `data` c'è un file chiamato file `stato.dart`. Questo contiene la classe `Stato`, che usiamo come classe modello che prende i dati dal file json e li mostra in una `ListView`.

All'inizio della classe, vengono dichiarati i campi di Stato. Sono tutti `final` e **non** nullable:

```
String countryCode;
String countryName;
String currencyCode;
```

```
String population;
String capital;
String continentName;
```

Quando chiami il costruttore `Stato` devi passare tutti i campi, in modo che venga creato un nuovo oggetto di tipo `Stato`, con tutti i campi già impostati:

```
Stato(
    this.countryCode,
    this.countryName,
    this.currencyCode,
    this.population,
    this.capital,
    this.continentName,
  );
```

Ora, decommenta il costruttore che si chiama fromMap:

```
Stato.fromMap(Map<String, dynamic> map) {
    countryCode = map['countryCode'] as String;
    countryName = map['countryName'] as String;
    currencyCode = map['currencyCode'] as String?;
    population = map['population'] as String?;
    capital = map['capital'] as String;
    continentName = map['continentName'] as String;
}
```

E come puoi vedere, sul tuo codice compaiono diversi errori.

1. Posiziona il cursore su `Stato`, nel costruttore. L'errore ti dice che le variabili final devono essere inizializzate. In pratica, **non è possibile valorizzare le proprietà final nel corpo del costruttore**.

2. Rimuovi `final` per tutti i campi. Questa soluzione avrebbe potuto funzionare prima della null safety, ma ora non più.

3. Posiziona di nuovo il cursore su Stato e nota gli errori.
   Ora Flutter ti dice che i campi non nullable devono essere inizializzati. Come già saprai, possiamo rendere nullable tutti i campi con un punto interrogativo. E questo risolverebbe il problema, ma la domanda è: vuoi davvero rendere nullable questi campi?
   In molti casi, vuoi che i tuoi campi siano final e non nullable, quindi la risposta è NO!

4. Un'altra soluzione qui è usare il modificatore LATE. Puoi usare LATE quando vuoi dichiarare una variabile non nullable che inizializzerai in seguito. Questo permette di avere campi non nullable e `final` e di impostarli in qualsiasi momento nel tuo codice. Ovviamente, devi essere sicuro che la tua variabile sia impostata **prima** di usarla, altrimenti otterrai un errore di runtime.
   Quindi aggiungi `late` prima di `final` per tutti i campi. E questo risolve il nostro problema. E questo codice è anche sicuro, perché siamo certi che i campi saranno valorizzati prima dell'utilizzo.

   ```
   late final String countryCode;
   late final String countryName;
   late final String currencyCode;
   late final String population;
   late final String capital;
   late final String continentName;
   ```

C'è un'altra parola chiave utile che puoi usare nei tuoi costruttori.

Come forse già sai, quando vuoi usare ***parametri nominati*** (*named parameters*) nei tuoi costruttori, puoi usare le parentesi graffe: in questo modo, i tuoi parametri, invece di essere ***posizionali***, possono essere passati in qualsiasi ordine, con il loro nome. Il problema è che in questo modo Flutter renderà i tuoi parametri non solo nominati, ma anche opzionali. E non possiamo consentire parametri opzionali qui perché in questo momento tutti i campi sono non nullable.

La soluzione qui è semplicemente aggiungere **required** prima di ciascun parametro:

```
Stato({
    required this.countryCode,
    required this.countryName,
    required this.currencyCode,
    required this.population,
    required this.capital,
    required this.continentName,
  });
```

In questo modo i tuoi parametri sono sia nominati che obbligatori.
Ora la classe `Stato` è completa. Vediamo ora il metodo per recuperare i dati dal file json.

1. Apri il file `stato_helper.dart`. Questo contiene un singolo metodo, chiamato `getStati`, che recupera tutti gli stati dal file JSON.

2. Decommenta la riga che aggiunge lo stato all'elenco degli stati:

   ```
   stati.add(Stato.fromMap(statoMap));
   ```

3. Ora apri il file `stati_screen.dart`. Questa è la pagina che mostra l'elenco degli stati sullo schermo. E come puoi vedere c'è un errore.

4. All'inizio della classe `statiScreenState`, viene dichiarato uno `statoHelper` chiamato `helper`, ma è impostato nel metodo `initState`. **Ciò non è consentito, poiché l'helper è non nullable**.

Questo è un problema che può verificarsi abbastanza spesso, specialmente quando si esegue la migrazione di codice precedente alla null safety.
Potresti aver già indovinato la soluzione. Basta aggiungere un `late` prima della dichiarazione e l'errore scompare:

```
late StatoHelper helper;
```

5. Esegui l'app. Come puoi vedere, l'elenco dei paesi viene visualizzato correttamente sullo schermo!

Il json che abbiamo recuperato dal file dell'elenco degli stati è perfettamente formattato e completo. Questo purtroppo non sempre accade nel mondo reale. Quindi, vediamo come gestire dati imperfetti!

Correggere errori null

In un mondo perfetto, otteniamo sempre dati completi, formattati correttamente e che rispecchiano perfettamente le nostre classi.

Ma, come sai, questo non è un mondo perfetto e molto spesso i dati recuperati da servizi Web, database o da moduli compilati dagli utenti possono fornire valori inaspettati.

Quindi, torniamo al file `stati.json` nella cartella `assets` del progetto e vandalizziamo un po' i nostri dati:

1. **Rimuovi** la `population` da Andorra:

```
{
        "countryCode": "AD",
        "countryName": "Andorra",
        "currencyCode": "EUR",
        "capital": "Andorra la Vella",
        "continentName": "Europe"
```

```
    },
```

2. **Rimuovi** il `currencyCode` dall'Afghanistan:

```
    {

      "countryCode": "AF",
      "countryName": "Afghanistan",
      "population": "29121286",
      "capital": "Kabul",
      "continentName": "Asia"
},
```

3. Ora esegui l'app: come prevedibile, ottieni un altro errore di runtime durante il *parsing* del JSON, in fase di trasformazione in un oggetto di tipo Stato. E se ci pensi, ancora una volta, questo accade **perché mancano dei valori dove invece sono richiesti**. In altre parole, è l'ennesimo tipo di errore NULL.

Proviamo a risolvere il problema: ora abbiamo due campi, `population` e `CurrencyCode`, che potrebbero esistere o non nel nostro file JSON.

In effetti non dobbiamo cadere nell'errore di considerare necessariamente tutti i valori null come il male assoluto. Ci sono circostanze in cui possiamo tranquillamente accettare un null: l'importante è gestirlo correttamente.

1. Accetta esplicitamente `null` per questi due campi. Per farlo, come sai, basta aggiungere un punto interrogativo dopo la dichiarazione del tipo per i campi `currencyCode` e `population`;
6.
2. In questo caso ha senso anche rimuovere il modificatore `late`: poiché questi campi sono nullable, non è necessario specificare che verranno impostati in seguito. Rimuovi anche `final` poiché dobbiamo

impostare questi campi all'interno del costruttore:

```
String? currencyCode;
String? population;
```

7. Ora `currencyCode` e `population` sono nullable: la nostra app funzionerà di nuovo, giusto?

Non così in fretta... esegui di nuovo l'app. E di nuovo ottieni un errore null nel costruttore `fromJson`. Questo potrebbe sembrarti strano all'inizio, poiché abbiamo esplicitamente reso nullable il campo della popolazione. Ma nota le istruzioni:

```
currencyCode = map['currencyCode'] as String;
population = map['population'] as String;
```

Ne codice sopra stiamo dicendo che vogliamo recuperare il valore della popolazione `as string`. **E null non è una stringa**.

Per risolvere questo problema, aggiungi un punto interrogativo DOPO l' istruzione as string : in questo modo, stiamo dicendo a Flutter che leggiamo il valore alla chiave `population`, come String **oppure** NULL :

```
currencyCode = map['currencyCode'] as String?;
population = map['population'] as String?;
```

Ora esegui l'app. E finalmente funziona.

Nota il valore della popolazione per l'Afghanistan: è... `null`. E normalmente non vuoi mostrare `null` ai tuoi utenti, giusto?

Quindi vai al file `stati_screen.dart` e nel metodo `itembuilder` della `ListView` dichiara una variabile, chiamata `population`. Questa prende il valore della popolazione all''indice dello stato corrente.

Ora aggiungi un doppio punto interrogativo e una stringa vuota:

```
var population = stati[index].population ?? '';
```

Questa istruzione significa che **se il valore di `population`⍰ alla posizione `index` nell'elenco degli stati è NULL, la variabile `population` prende una stringa vuota, altrimenti il valore stesso.**

Il doppio punto interrogativo è anche chiamato operatore **null**, o talvolta operatore **if null**.

Questo operatore restituisce l'espressione alla sua sinistra, e solo se il suo valore è nullo, restituisce l'espressione alla sua destra. Qui sotto puoi vedere alcuni esempi del suo comportamento:

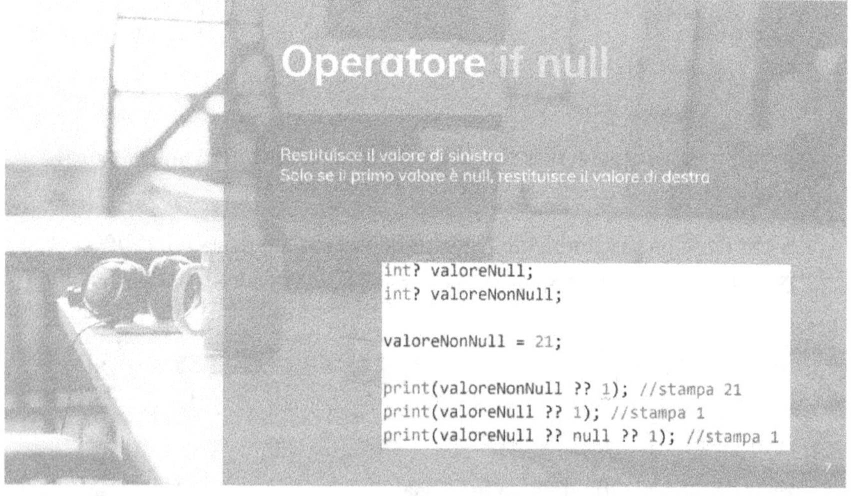

Quindi, per completare il nostro codice per questo video, nel `subTitle`, scrivi il valore di `population`:

```
'Popolazione: $population'),
```

E ora, se esegui nuovamente l'app, NULL è scomparso dall'Afganistan. Molto meglio.

Ma la popolazione non è molto leggibile negli altri paesi. Risolviamo questo problema e vediamo altri operatori che riconoscono i valori `null` nella prossima sezione.

Crea funzioni null safe

In questo momento la popolazione non è particolarmente leggibile, soprattutto quando i numeri sono grandi. Per risolvere questo problema:

1. Crea una funzione per formattare la popolazione e mostrarla correttamente agli utenti:
8. questo metodo restituisce una stringa non nullable. Chiamalo `formatPopulation`. Come parametro, aggiungi una stringa nullable, chiamata `popolazione`;
2. Ora, poniamo il caso che volessimo controllare la lunghezza della popolazione e stamparla nella console: per farlo basta digitare print(popolazione.length):

```
String formatPopulation(String? popolazione) {
      print(popolazione.length);
}
```

E qui, tanto per cambiare, otteniamo un errore. Questo perché c'è un'altra regola della null safety che dobbiamo segnalare:

Non è possibile accedere a nessuna proprietà su un oggetto che ammette valori Null, e questo include le stringhe.

Nel nostro esempio non possiamo accedere alla proprietà `length` di una stringa nullable, ma lo stesso varrebbe ad esempio per il metodo `toString` di un qualunque oggetto nullable.

E qui abbiamo diverse opzioni: una è aggiungere il punto interrogativo dopo popolazione: questo significa qui che se la popolazione non è nulla, l'espressione restituisce la lunghezza della popolazione. Se invece è null, restituisce solo null, e questo senza generare alcun errore.

```
String formatPopulation(String? popolazione) {
     print(popolazione?.length);
}
```

Fondamentalmente questo è solo un modo più breve e pulito di eseguire un controllo null su un oggetto prima di accedere alle sue proprietà.

Tornando al nostro codice, invece di aggiungere un punto interrogativo dopo la popolazione, aggiungiamo un punto esclamativo:

```
print(popolazione!.lunghezza);
```

Come forse ricorderai, questo che abbiamo chiamato operatore **bang** tratta un valore nullable come se fosse non nullable: quindi anche se la popolazione può essere nulla, stiamo dicendo a Flutter che sicuramente non sarà mai null in questo punto del codice, e quindi di trattarlo come non nullable. A questo punto la proprietà length diventa nuovamente accessibile. Ma come al solito devi davvero essere sicuro che la popolazione non sarà mai null, altrimenti ottieni un errore di runtime.

In effetti non ci serve davvero la lunghezza della popolazione: vogliamo solo formattarla un po' meglio per i nostri utenti:

1. Commenta la riga che stampa la popolazione in Console:

```
//print(popolazione!.lunghezza);
```

2. Ora crea una variabile `final` chiamata `format` e chiama il costruttore `NumberFormat.compact`. Questo è preso dal pacchetto `intl` (che abbiamo già aggiunto in `pubspec.yaml` e importato all'inizio di questo file). Qui dobbiamo passare un `locale`: in questo caso impostiamolo su `it-it`, che è l'italiano in Italia:

```
final format=NumberFormat.compact(locale:'it-it');
```

3. Ora aggiungi un'altra variabile final chiamata numero, che chiamerà il metodo int.parse, prendendo la nostra popolazione:

```
final numero = int.parse(popolazione);
```

E indovina un po'? Un altro errore.

Questo si verifica perché non possiamo chiamare il metodo `parse` su una stringa nullable (la regola è che non possiamo passare valori nullable a parametri non nullable).

In effetti non possiamo essere davvero sicuri che la popolazione non sia null; quindi, è meglio **non** usare il punto esclamativo qui, poiché questo potrebbe generare un errore.

All'interno delle parentesi del metodo parse, possiamo usare il ***null assign*** che abbiamo visto prima: in questo modo il metodo parse trasformerà `popolazione` in numero intero, ma solo se popolazione è null trasformerà la stringa 0 in intero:

```
final numero = int.parse(popolazione ??= '0');
```

Bene, per completare questo metodo, restituiamo il risultato di format.format, passando il numero. Questo formatterà la nostra `popolazione` in modo da renderla più leggibile per gli utenti:

```
return format.format(numero);
```

Ora richiama `formatPopulation` prima di mostrare i dati sulla `Listview`:

```
itemBuilder: (context, index) {
  var population =
formatPopulation(stati[index].population);
  return ListTile(…
```

Bene, ora esegui l'app. Come puoi vedere ora la popolazione è molto più facile da leggere per il nostro utente!

C'è un'ultima cosa che vorrei sottolineare prima di chiudere questa introduzione alla null safety, ed è il comportamento di null nei generici.

1. Apri il file `stato_helper.dart`. In questo momento l'elenco dei paesi è non nullable, e anche ogni oggetto di tipo Stato all'interno dell'elenco è non nullable. Ora, diciamo che vuoi rendere nullable la Lista: dove metteresti il punto interrogativo?

2. Per rendere nullable **l'intero elenco**, in modo che la Lista Paesi possano essere null, metti il punto interrogativo alla fine del tipo, in questo modo:

```
final List<Paese>? paesi= [];
```

3. Per consentire all'elenco di **contenere valori null**, in modo che gli Stati possano contenere sia oggetti di tipo Stato che NULL, è

sufficiente aggiungere un punto interrogativo vicino al tipo interno, in questo caso Stato.

9.

```
final List<Stato?> stati = [];
```

10.
11. Ma questo non ci è utile per questo progetto, quindi possiamo tornare alla situazione iniziale:
12.

```
final List<Stato> stati = [];
```

13.
14. E con questo abbiamo chiuso questa introduzione alla null Safety in Dart e Flutter. Se usati correttamente, questi concetti ti saranno utilissimi per creare applicazioni solide e performanti.

Conclusioni

Innanzi tutto, grazie e complimenti per essere arrivato alla fine di questa guida!

Grazie ai progetti che ti ho proposto, spero tu abbia un'idea molto più chiara di come si creano app con Flutter. Puoi cominciare a muovere i prossimi passi da solo, per creare app e distribuirle nel mondo reale!

E ora?

Il prossimo passo da fare è sicuramente capire come pubblicare le tue app sui principali Store: Google Play e l'App Store di Apple.

In realtà le app con Flutter possono essere pubblicate anche sul web, su MacOS, Linux e Windows.

Ci sono delle guide molto dettagliate su come si pubblica una App di Flutter sui vari sistemi operativi.

- Se vuoi pubblicare una app per Android trovi le indicazioni al link: https://flutter.dev/docs/deployment/android

- Per pubblicare su Apple devi disporre di un Mac. Trovi la guida di pubblicazione qui: https://flutter.dev/docs/deployment/ios
- Pubblicare su web è davvero semplice: trovi le indicazioni qui: https://flutter.dev/docs/deployment/web
- Invece per Windows, Linux e MacOS puoi vedere la guida al desktop, disponibile qui: https://flutter.dev/desktop

Questa guida ha un corso gemello, pubblicato su **Udemy**: gli stessi progetti che hai visto in forma scritta sono spiegati a video, in forma di tutorial.

Il link che riporto qui sotto ti permetterà di acquistare il corso al miglior prezzo disponibile, normalmente una frazione del suo costo effettivo.

Ecco il link: http://imparaflutter.it

Se l'inglese non ti impaurisce, ti suggerisco anche i corsi di Flutter che trovi su Pluralsight, all'indirizzo www.pluralsight.com: ce ne sono di diversi livelli e su diversi argomenti.

Se questa guida ti è stata utile, ti sarò davvero grato di una recensione sulla piattaforma dove hai acquistato il libro. Le recensioni sono il modo migliore per capire cosa funziona, come migliorare e se vale la pena proseguire il lavoro, magari proponendo una nuova guida per proseguire il percorso iniziato qui.

www.ingramcontent.com/pod-product-compliance
Lightning Source LLC
Chambersburg PA
CBHW070327220526
45467CB00001B/63

* 9 7 9 8 6 9 9 3 2 2 0 9 1 *